貧困の現場から社会を変える

POSSE叢書
001

はじめに

日本社会が貧困を「再発見」して、十年の月日が経ちました。

今から十年前の二〇〇六年、小泉政権の経済政策を担ってきた竹中平蔵総務大臣（当時）は、朝日新聞のインタビューにおいて「社会的に解決しないといけない大問題としての貧困はこの国にはない」と明言しました（六月一六日付け朝刊記事）。

日本国内に格差が存在することは認めるものの、貧困の存在は認めない。

こうした認識は、当時、政治家だけでなく、マスコミや社会福祉の関係者も含めた広く一般に共有されていました。

九〇年代初頭のバブル経済崩壊以降、仕事を失ってホームレス状態になる人など、生活に困窮する人の数は増加の一途をたどっていましたが、そのことの深刻さを痛感していたのは、支援の現場で活動をしていた私たちと、その現場を取材していた一部のジャーナリストだけでした。

二〇〇六年当時、私が理事長を務めていたNPO法人もやいには、複数のテレビ局チームが常時、相談現場の取材に来ていましたが、その取材クルーたちが一番苦労していたのは、自分たちの局の上層部に「日本国内にも貧困が存在している」という認識を持ってもらうことでした。「日本にも貧困がある」ことに疑問を持つ幹部がゴーサインを出さないため、がんばって取材をしても、国内の貧困に正面から向き合える番組を放映できない、という話を聞いたこともあります。

今から考えると、隔世の感がありますが、これが十年前の日本社会の一般的な感覚でした。

竹中大臣の発言に憤りを覚えたNPO法人もやい事務局長（当時）の湯浅誠は、国内の貧困を可視化するための新たな運動を始めることを決意し、「反貧困」をスローガンとした社会運動を展開していくことになります。

そして、それが二〇〇八〜二〇〇九年の「年越し派遣村」につながる動きへと発展し、ようやく貧困問題が国会やテレビで議論される状況が生まれていきました。

皮肉にも国内における貧困問題を否定しようとした竹中発言が、逆に貧困を可視化させるきっかけを作ったのです。

竹中発言の十年後、二〇一六年の日本に生きる私たちにとって、国内の貧困問題は誰の目から見ても、社会全体が取り組むべき深刻な問題として立ちはだかっています。貧困問題は見事に可視化されたと言えます。

「ワーキングプア」、「ネットカフェ難民」、「派遣切り」、「脱法ハウス」、「下流老人」、「子ども食堂」……。この十年の間に、貧困に関わるいくつもの新語・流行語が生まれ、国内の貧困のさまざまな側面を人々に知らせる役割を果たしました。

若者を中心に貧困問題に関心を持つ人々も増え、生活困窮者支援の活動を続けてきた私のもとにも、「自分でも何かアクションを起こしたいのだけど、どうしたらいいですか?」という問い合わせがたびたび来るようになりました。

国内に貧困が存在していることはもうわかった。では、私たちは何をすればいいのか。

十年経って、貧困をめぐる状況は次のフェーズに移っているのです。

「何をすればいいのか?」という問いに対する正解を私が持ち合わせているわけではありません。

しかし、私自身が貧困の現場で考えてきたこと、取り組んできたことを伝える中から、解決に向けたヒントを授けることができるのではないか、と思い、「貧困の現場から社会を変える」（ブラック企業対策プロジェクト主催）というタイトルの連続講座を引き受けることになりました。

本書の内容はその連続講座の記録がもとになっています。

この連続講座は「稲葉剛のソーシャルワーク入門講座」と銘打っていました。ソーシャルワークとは、社会の中でさまざまな生活課題や生きにくさを抱えている人たちの話に耳を傾け、その課題の解決のために社会福祉的な援助をすることを意味します。ソーシャルワークには、現場レベルでの支援だけでなく、ソーシャルアクションと呼ばれる社会への働きかけも含まれます。

ソーシャルワークを実践する人をソーシャルワーカーと言いますが、残念ながら、日本のソーシャルワーカーはソーシャルアクションを軽視する傾向があります。これは特に貧困問題のように、既存の制度・政策が機能不全に陥っている分野においては、致命的な欠点になっています。

私自身はソーシャルワークの専門教育を受けたことは一度もありませんが、必要に応じて、個別の対人援助やソーシャルアクションを実践してきました。その意味で、私が実践してきたこともソーシャルワークと言えるのではないかと思っています。

連続講座では、若手のソーシャルワーカーや広い意味でのソーシャルワークに関わろうと思っている人に向けて、私の経験に基づく話をさせていただきました。六回に及ぶ講座は、私自身の経験に始まって、生活保護、バッシングと差別、住まいの貧困、自立支援、貧困ビジネスとソーシャルアクションを各回のテーマに設定しており、これまで貧困問題に関する書籍ではあまり取り上げられてこなかった内容も含まれていると思います。

「国内の貧困問題が気になっている」という人、「自分でも何かアクションを起こしたい」と思っている人に本書を読んでいただけると嬉しいです。

各章はそれぞれ独立した内容になっておりますので、関心のある章からご覧ください。

第1章 私が取り組んできた生活困窮者支援

この書籍のもととなった連続講座は「稲葉剛のソーシャルワーク入門講座」と銘打っていますが、最初にお断りしておきますと、私自身は社会福祉やソーシャルワークを専門に学んだことがありません。私が活動を始めた九〇年代は生活困窮者支援あるいはホームレス支援が一つの分野として確立していなかった時代です。そうしたなかで支援活動に取り組んできたため、全体を体系化して考えていたわけではなく、とにかく目の前の問題に取り組んできたら結果的にいろいろ見えてきたというのが実感です。

今回は主に、九〇年代の路上生活者の状況と今のブラック企業で働いている若者たちに通底する問題についてお話した上で、私たちがずっと手探りで行ってきた生活困窮者支援の活動と経験が今のさまざまな活動にも役立つのではないかということをお話できればと思います。

新宿でホームレス支援を始めるまで

私は一九六九年に広島市で生まれました。親が原爆で被爆をしているので、私自身は「被爆二世」になります。私の母親は一〇歳のときに疎開先の学校の校庭できのこ雲を見たそうで、その数日後に広島市内に入っています。父親も同じく一〇歳のときに原爆で両親を亡くし、「原爆孤児」になりました。私は両親から原爆の話を聞かされて育ち、姉も広島の平和運動に関わるなど戦争と平和の問題には敏感な子どもとして育ちました。

一九八八年に大学に入り上京するのですが、一九九一年に湾岸戦争が起こったのをきっかけに、さまざまな大学の学生に声をかけて平和運動のデモを企画したりしました。その後に一緒にＮＰＯ法人もやいを立ち上げることになる湯浅誠も同じ大学でしたが、大学のなかでは一度も会ったことはなく、初めて会ったのは平和運動のデモのなかでした。

その後も、外国人労働者の支援活動など、いろいろな社会運動に関わり続けました。その後、バブル経済が崩壊し、一九九三年頃から都内では新宿・渋谷・池袋・上野など各ターミナル駅に路上生活者があふれ出すようになります。

都庁が新宿に移転してきたのは一九九一年で、東京都としては西新宿を副都心として再開発をしていこうと計画を立てていました。そのおひざ元に路上生活者のコミュニティが出来上がり、新宿駅西口の地下通路には一番多いときには三〇〇軒ぐらいのダンボールハウスが立ち並びました。東京都は路上生活者を「不法占拠者」だとみなし、「ダンボール村」の強制排除を何度かにわたって行います。大きな排除は一九九四年二月と一九九六年一月ですが、散発的な排除としてダンボールの家を壊していくことが日常的に行われていました。

私が最初に「新宿ダンボール村」へ足を踏み入れたのは一九九四年の二月だったと思います。そこで私が一番驚いたのは、路上生活者のなかで凍死する人や餓死する人が多い、という事実でした。

一九九四年二月の排除では、東京都と新宿区が窓口を作り、一時保護するという名目で二週間だけ施設に入れていました。それが報道されて批判されると四週間に延長しましたが、四週間後になると、当時あった山手線内のフリー切符を渡して、「どこにでも行きなさい」という対応でした。皆さん、帰る場所がありませんので、結局、新宿駅の西口に戻ってくるのですが、その頃には地下通路の一部がすでに閉鎖されていて、仕方なく地上に出て野宿をするのですが、非常に寒い時期ですので、凍死者が出る。

また、当時は路上生活者の間で結核が蔓延するなど、健康状態の悪い人がたくさんいました。しかし当時の新宿区福祉事務所、あるいは近隣の福祉事務所も住所のない人に対して非常に差別的な対応を行っており、具合が悪く病院にかかりたいと訴えても、「あなたはまだ働けるでしょ、自分で稼いで病院に行きなさい」などと言われて、追い返されてしまうという状況がありました。

私たちはずっと夜回りという活動を続けており、野宿をしている一人一人に声をかけて、具合の悪い方がいないかチェックをして回るのですが、凍死寸前、餓死寸前という方に出会うことは珍しくありませんでした。救急車を呼んでも、路上生活者だとわかると露骨に嫌がられ、受け入れてくれる病院も見つからない。その結果、新宿区内で一年間に路上で亡くなる方、あるいは路上から救急車で運ばれても入院後一ヶ月以内に亡くなった方を数えると、年間四〇～五〇人にのぼるという状況がありました。正確な統計がとられていないので、推測でしかありませんが、当時、都内全域では年間二〇〇～三〇〇人が路上で亡くなっていたはずです。大阪では研究者が調査したところ、二〇〇〇年に市内で二一三人が路上死したことが判明しています。

ただ、そうした状況はほとんどマスメディアで報道されませんでした。当時は今以上に、路上生活者に対する差別や偏見が強く、「好きで野宿しているんでしょ」と言われていました。当時、新宿によく取材に来ていたマスコミの方とお話したときに、自分としては報道したいけれど、上層部からすれば、「家のある人が餓死をすればニュース価値があるけれども、家のないホームレスが餓死をしてもニュース価値がないとみなされてしまう」という話をされていました。そのときに、私は「路上での餓死や凍死を放置していけば、いつか家のある人も当然のように餓死、孤立死していくような状況になってくるのではないか」と感じたのですが、残念ながらその後の日本社会はその通りになってしまったと感じています。

路上生活をめぐる状況

当時のホームレスをめぐる状況について私は三つの領域からの排除という問題があると考えていました。

一つは労働市場からの排除という問題。路上生活者のほとんどは日雇いの建築・土木現場で働いてきた五〇代、六〇代の男性労働者でした。多くは高度経済成長期に地方から出稼ぎに来て、全国各地の現場で働いてきた人ですが、バブル崩壊に加えて、建築・土木の現場で機械化が進み、以前ほど人手がいらなくなった影響で年齢の高い人から仕事にあぶれていく、という状況がありました。

一方で、福祉の現場はどうだったかと言うと、福祉事務所では、六五歳未満の方、いわゆる稼働年齢層と言われる働ける世代の人たちは生活保護の対象にならないという考え方が職員の間でも蔓延しており、稼働年齢層が福祉サービスから排除されるということが起こっていました。本来ならば年齢に関係なく生活に困っている人にはどんな人でも最低限の生活を保障するのが生活保護の制度の趣旨ですが、各地の福祉事務所では、「生活保護は高齢者だけに限定する」とか、ひどいところでは「路上生活者が窓口に来たら隣町までの切符を渡せばいい」という運用が代々、先輩から後輩に受け継がれており、法律よりも職場ごとの慣習に則って、困窮者を排除していくことが行われていました。そのために特に五〇代から六〇代前半の路上生活者が、労働市場では要らないと言われ、かと言って福祉にも入れないという状況が生まれていたのです。

その結果、この時期、多くの人が路上や公園、河川敷といった場所にダンボールの家やブルーテントを作り、そこで暮らし始めました。よく私たちは路上生活者を定着層と移動層に分けて考えるのですが、定着している人がダンボールやブルーテントの家を作るのはなぜかと言うと、そうした仮の住まいに家財や仕事道具を置いておくことができ、そこから仕事に行くことができるためです。仕事といっても日雇いの建築現場、アルミ缶や古本を集める仕事のような本当に細々としたもので、平均月収は三、四万程度ですが、貴重な現金収入であることには変わりありません。

ところが、行政が強制的に排除してダンボールやブルーテントの家を失ってしまうと、路上生活者は一日中、寝袋や毛布も含めた荷物を持って歩かなければならなくなります。こうした移動層になると、ますます仕事に就くのが困難になり、生活状況が悪化します。こうして都市空間から排除されることにより、生活状況が悪化して、最終的に路上死へ至ってしまう、ということがこの時期によく起こっていました。

「不法占拠者」という認識

当時の行政は路上生活者を支援の対象ではなく排除の対象とみなし、東京都は「不法占拠者」という呼び方をしていました。一九九六年一月に新宿ダンボール村が排除された際にも、私たちは話し合いで解決してほしいと訴えたのですが、東京都の職員は「不法占拠者とは話し合う余地がない」と断言をして、強制撤去に踏み切りました。一貫して治安問題という発想だったようです。

私が一番印象に残っているのは、一九九四年春の出来事です。本当に寒いときで、新宿の西口地下通路に毛布にくるまってぶるぶる震えながら寝ている人がいました。そこに東京都の建設局の車がやって来て、「これから路上廃材撤去作業を開始します」と宣言をして、その人から毛布をはぎ取り、毛布を車の荷台に積んで運び去りました。震えている人は放置したままです。本当に人殺しをしているなと思いました。

こうした姿勢が変化したきっかけは、一九九六年の強制排除のときの抵抗運動で威力業務妨害で逮捕された支援者二名に対して、東京地裁が無罪判決を出したことでした。東京地裁は「ダンボールハウスといえども個人の所有物であるから一方的に撤去してはいけない。撤去するのであれば行政代執行に基づく法的手続きを踏まなければならず、都の対応には瑕疵がある」という主旨の判決を出しました。それまで各自治体はダンボールハウスを排除する際、「これは路上に落ちているゴミであるから、道路管理権に基づいて撤去する」という対応をとってきたのですが、それは許されないという判決です。その後、支援者二名については控訴審で逆転有罪（執行猶予付き判決）になるのですが、このときの東京地裁の判断は力を持つことになります。

二〇〇二年には、全国の支援団体の働きかけにより、ホームレス自立支援法という法律ができ、この法律のなかで国や自治体の責務としてホームレスの自立を支援することがようやく明記され、それに基づいて支援が行われるようになっていきます。

ソーシャルワーカーの不在

一九九〇年代、運動団体・支援者の側では、日雇労働者の労働組合に関わっている人が中心でした。そのため路上生活者の置かれている状況を労働問題として捉えることが一般的でした。

当時、東京の山谷《さんや》、大阪の釜ヶ崎《かまがさき》など、「寄せ場」と言われる日雇労働者が集住する地域では、多くの労働者が仕事にあぶれ、路上生活を余儀なくさせられていました。そのため、「寄せ場」で労働運動をしてきた活動家は路上生活者支援を「反失業闘争」と位置づけて活動をしていました。それに対して私は人権問題として捉えていて、労働市場からの排除だけでなく、公的福祉や都市空間からの排除という問題も重視していました。

当時野宿している人たちが五、六〇人集まっている場所で「自分たちのことを何て呼ばれたいですか」と聞いてみました。ほとんどの方が自分は「日雇労働者」、あるいは「野宿労働者」と呼ばれたいと言っていました。「ホームレス」という言葉はまだ当時は一般的でなく、差別的な意味合いを持っていると受け取っている人が多く、自分は労働者であるというアイデンティティを持っている方が大半だったと思います。

また、当時は社会福祉の関係者、ソーシャルワーカーでホームレス問題に関わっている方はほとんどいませんでした。そのため、どうしてもこの問題を社会福祉の問題として捉える観点が弱くなりがちでした。

後に私は住まいの貧困に着目して活動を始めるのですが、ホームレスというのは第一義的に家を持っていない状態を指すので、住宅問題だと考えてもおかしくないわけですが、当時は住宅政策の問題であるという視点はほとんどありませんでした。

労働をめぐる神話

なぜそういう風になったのかと考えると、今でもありますが、労働をめぐる二つの神話が非常に根強かったのだと思います。

一つは完全雇用の神話です。日本ではずっと完全雇用に近い状態、失業率が二％台という状況が長く続いていたので「死にもの狂いでがんばって探せば、誰でも仕事が見つかる」という考え方が一般的でした。もう一つは「そうやってがんばって働いていれば自分の食い扶持くらいはなんとかできる」。つまり就労さえしていれば、経済的に自立できるはずである、という神話が非常に強かった。ですから稼働年齢層、稼働能力のある人が貧困に陥るはずがない、がんばって探せば仕事は見つかるし、働いていれば貧困に陥ることはない。

稼働能力があって貧困に陥る人は本人に問題があると考えられていました。

そのため、当時の社会福祉関係者の間では、社会福祉は稼働能力がないとされる人たち、つまり高齢者、障害者、児童のような労働市場のなかで能力を活用できない人たちだけを対象としていればいい、という発想が暗黙の前提としてありました。労働の世界と福祉の世界をまったく分離したような考え方が一般的だったのです。

日本の九〇年代の貧困問題はホームレス問題として現れたのですが、路上生活に至った人の多くが五〇代から六〇代前半の単身男性であったがために、その人たちの貧困は社会福祉が取り組むべき課題とは認識されなかったと言えます。

社会福祉の歴史を振り返ってみると、イギリスでも、日本でも、社会福祉は救貧対策から始まっています。しかし、救貧対策を実施するなかで、どういう人が貧困状態に陥りやすいかと考えたときに、それは高齢者や障害を持つ人だということになって、そうした人々を対象に、どんどん制度化が進んでいきます。しかし制度化が行われることによって、福祉が専門化、細分化されてしまう。そして自ら福祉の対象を制限してしまう。そのために、本来、何のために社会福祉が存在するのかが忘れられてしまったのがこの時期の状況だったと思います。

このことの根深さは今にも通じています。ブラック企業は第一義的には労働の問題ですが、実は医療や福祉の問題と繋がっている。しかし、なかなか社会福祉や医療の関係者の間にそれが自分たちの領域での課題だという認識が生まれにくい、というのもこのあたりに根っこがあると感じています。

カフカの階段

こうした路上生活者の状況をわかりやすく伝えるために、大阪でホームレス支援を続けてきた生田武志さんが作った「カフカの階段」という図があります。

もちろん、作家のカフカがホームレス問題について語っているわけではないのですが、彼の手紙のなかで非常に印象的な文章があって、社会的な差別一般を語っているように読むことができます（「父への手紙」カフカ全集収録）。生田さんはそれを野宿に陥った人々を取り巻く状況を説明するために援用されています。

「ホームレス」というのは本来、状態を示す言葉なのですが、私たちはそれを属性とみなしてしまいがちです。しかし、現代の日本で、生まれながらにして路上生活をしている人はいないわけです。ところが人生の過程において、さまざまな要因によって経済的に困窮し、生活状況が悪化していく、ということが起こります。

図1｜カフカの階段

一番多いのは、仕事をしていた人が仕事をなくすというパターンです。そうすると家賃が払えなくなって、最終的にはアパートを追い出されてしまう。しかし、アパートを追い出されたから、すぐに「路上で寝るぞ」という方はあまりいません。日雇労働者の方たちは、山谷や釜ヶ崎にはドヤと言われる安い旅館がありますので、そうした安い旅館で寝泊りをしながら仕事を探していました。今の若い人であればネットカフェ難民と言われますが、ネットカフェに泊まったり、友達の家に居候しながら次の仕事を探すことになります。ただ、ドヤやネットカフェにいても、お金が尽きてくる。あるいは、友達の家に居候していても「いつまでいるの」

と言われ、出ざるを得なくなります。そうして、徐々に状況が悪化していき、最終的に野宿の状態に陥る。

生田さんは、「野宿になるのは段々だけれど、戻るときは一段になっている」と指摘しています。生活状況の悪化は段階的に起こるけれど、いったんこの状況になってしまうと、そこからやり直すのは非常に困難だということです。

路上生活をしている人に対しては、「まだ働けるはず」「なんであの人たちは働かないのか」ということがよく言われます。しかし、仕事を探すためには、まず履歴書を書かないといけない。路上生活に至って、住所がなくなると履歴書に書く住所がなくなります。住民票もアパートを追い出されて、その場所に住んでいないことがわかると、その地域の役所が住民票を消除します。履歴書に書く住所がない、住民票もない、となると、仕事探しのハードルは一気に上がります。二〇一六年一月からはマイナンバー制度が施行され、雇用契約を交わす際に企業がマイナンバーの提出を求めるようになったので、ハードルはさらに上がってしまいました。

住所の有無は社会的信用にも大きく影響します。面接の場で同じ年齢の人が二人来て、一人は住所があって、もう一人は住所がないというときに、会社はどちらの人を雇うでしょうか。路上生活が長くなると、当然お風呂にもあまり入れず、面接に行くにしても身なりを整えることが難しくなります。このように社会的信用が失われることによって、ますます自立が困難な状況に陥ります。

バブル経済の頃までは履歴書がなくても就業できる仕事が社会に一定数ありました。その代表格が建築・土木現場の日雇い仕事で、体さえ健康であれば、ピンハネされたりもしますが、仕事に就くことができました。ところがバブル崩壊後、そういう受け皿も縮小し、住所の有無が仕事に直結するようになりました。

カフカは手紙のなかで、「ここに二人の男がいて、一人は低い階段を五段ゆっくり昇っていくのに、別の男は一段だけ、しかし少なくとも彼自身にとっては先の五段を合わせたのと同じ高さを、一気に攀じあがろうとしているようなものです。先の男は、その五段ばかりか、さらに百段、千段と着実に昇りつめていくでしょう。そして振幅の大きい、きわめて多難な人生を実現することでしょう。しかしその間に昇った階段の一つひとつは、彼にとってはたいしたことではない。ところがもう一人の男にとって、あの一段は、人生最初の、険阻全力を尽くしても登攀できない階段であり、それを乗り越えられないことはもちろん、そもそもそれに取っ付くことさえ不可能なのです。意義の度合いがまるで違うのです」と書いています。その人が置かれている状況によって、階段の一段を昇ることの「意義の度合い」が違うということ。これは、ホームレス問題に限らず、この社会にあるさまざまな差別や偏見の問題を考える上で非常に重要な指摘ではないでしょうか。

私が講演等でこういう話をすると、聴衆のなかで怒り出す人がいます。そういう場合、たいてい、「ホームレスを甘やかしすぎている。私たちサラリーマンだって苦労をしているんだ」という話をされるわけです。私は家のある人や働いている人が苦労してないなんて言いたいわけではありません。皆さん、それぞれ自身や家族の生活を支えるために苦労しています。カフカの文章の中にも、「きわめて多難な人生を実現する」と書いてあります。努力したことによって、それに見合う報酬を得ることができる、努力と報酬のバランスが取れている、というのが公正な社会です。ところが、さまざまな社会的な差別を受けている人は、いくら努力をしてもそれに見合う報酬を得ることができない。いくら努力しても、最初の一段に「取っ付くことさえ不可能」なのに、階段の上にいる人から見ると、いかにも努力してないかのように見えてしまう。立ち位置の違いを考慮しないことによって、社会的に弱い立場にある人を見下してしまい、差別を助長してしまう。そのことが、貧困問題の解決を困難にしていると私は思います。

一九九五年という年

現代日本における貧困を考える際、一本、補助線を引くために、一九九五年という年を考えてみたいと思います。

これはパーソナルな意味もあって、私は一九九四年にホームレスの方々に関わり始め、最初の一年は学生ボランティアとして関わっていました。いつでも逃げ出せるような形でしたが、一九九四年から一九九五年の年末年始の集中的な支援活動に関わり、そこで活動にはまってしまって、一九九五年から本腰を入れて活動に参加するようになりました。そういう意味でも非常に印象的な一年なのですが、一九九五年という年は日本社会の変化を象徴する年だった、と今にして思います。

まず、この年に路上生活者が急増しました。新宿では、一九九四年の一二月から炊き出しを始めたのですが、最初の頃は二〇〇人くらいだったのが、週を追うごとに二〇〇人から二五〇、三〇〇、三五〇、四〇〇人というふうに増えていったのがこの時期です。

餓死者も急増しました。厚生労働省が発表している人口動態統計では、一年間に国内で亡くなった方の死因別の人数がわかるようになっており、死因の中には「食糧の不足」という項目もあります。その「食糧の不足」による死者数が急増したのが、一九九五年です。

餓死で亡くなった人の中には、必ずしも死因が「食糧の不足」とならない場合もあるので、「食糧の不足」による死者数は実際の餓死者の一部しか示していないと考えられますが、その数は八〇年代から一九九四年までは二〇人前後で、一九九五年に五八人と三倍近くになり、一九九六年に八一人まで急増しました。

一九九五年には大阪。道頓堀で路上生活者への襲撃事件も発生しています。一〇月一八日、大阪の道頓堀《どうとんぼり》の戎橋《えびすばし》という繁華街の真ん中で、路上生活をしている六三歳の男性が二四歳の若者によって襲撃されました。若者が寝ていた男性を遊び半分で橋の欄干の上に乗せたら、下に落ちて溺れ死んでしまったという事件です。

その後、襲撃した若者も、持病により安定した仕事に就けず、社会のなかに居場所を見いだせない状態にあり、自分と同じような状況にある路上生活者を襲撃したということがわかりました。現在まで繋がる若者の貧困と通底する事件であったということが後になってわかってきました。

ちょうど同じ時期、東京都では新宿西口の地下道に「動く歩道」をつくる計画が発表されました。翌年の一月には強制排除が行われます。

そして一九九五年の一月には、阪神淡路大震災、三月には東京で地下鉄サリン事件が起こりました。このオウム真理教の一連の事件により、日本社会の雰囲気が大きく変わってしまった。監視社会化がさらに進み、寛容性も失われてしまいました。

また、日経連が『新時代の「日本的経営」』を発表したのもこの年になります。これはその後の非正規労働の拡大、労働者派遣法が一九九九年と二〇〇三年の二度にわたって改正されて、派遣労働が原則解禁になりますが、そのきっかけを作った提言です。

『新時代の「日本的経営」』のなかで、日経連は、これからは今までのような日本型経営、終身雇用・年功序列はもう通用しないとしています。その上で、労働者を長期蓄積能力型、高度専門能力活用型、雇用柔軟型の三つのグループに分けるべきだと主張しました。この提言に基づく形で、雇用柔軟型、つまり非正規雇用の労働者が政策的に増やされていった。今や働いている人の四割が非正規で、二〇代では二人に一人という状況になっています。

このように、ホームレス問題が深刻化し、現在の格差や貧困に繋がる火種がまかれたのが、この年だったのだと思います。

誰がホームレスになっていったのか

当時、路上生活者の平均年齢は、五五歳前後でした。現在では六〇歳近くにまで上がっています。当時も、二〇代~三〇代の路上生活者を見かけることはありましたが、圧倒的に四五歳から六五歳までの年齢層の人が多かった。先述したように、この層の人たちが労働と福祉の狭間に追いやられるからです。

九〇年代の半ばは「五〇歳以上だと仕事に就けない」という話を聞きましたが、徐々に不況が進行してくると、その基準が四五歳以上に下がりました。一方で、福祉の窓口では「六五歳以上にならないとダメ」と言われ、そのためにこの四五歳から六五歳という間の人たちが野宿をせざるを得ないという状況が広がっていきました。

九〇年代、私が一番ひどいなと感じた事例があります。六四歳六ヶ月の男性が路上生活をしていて、胃潰瘍《かいよう》で入院されました。さすがに救急車で入院すると、生活保護が適用され、医療費が支払われます。ところが、三ヶ月間入院して、通院に切り替わった時点で、福祉事務所の窓口に行ったら、「では通院費用のみ出すので、野宿しながら通ってください」という対応をされた。生活保護の医療扶助のみを支給し、生活扶助や住宅扶助は出さないという対応で、私たちは「青空通院」と呼んでいます。ご本人がその理由を問うと、「あなたはまだ六五歳になっていないからです」と言われた。

本来、生活保護制度には年齢制限はなく、六五歳未満を排除するというのは違法な運用です。私は一緒に交渉に行ける、と言いましたが、その人は「あまり役所に睨まれたくないから」と我慢して、三ヶ月間野宿しながら病院に通い、六五歳の誕生日まで路上で待ち続けました。

奴隷労働から脱出できない労働者

当時、多くの路上生活者は建築・土木の日雇い労働に従事していました。その後、二〇〇八年秋にリーマンショックが起こり、派遣切りの問題が深刻化した際に、日雇いで働いてきた労働者は「俺たちは毎日派遣切りされているようなものだ」と言っていました。確かにその通りで、彼らは究極のワーキングプアなわけです。ただ、なかなか社会の側がそれを貧困の問題だと捉えてこなかった。

そうした日雇い労働の特徴としてよく言われたのは「怪我と弁当は自分持ち」という言葉です。高いビルから下に落ちて腰を打った、というような労働災害が起こっても揉み消されてしまうということが日常的にありました。賃金の未払いも多く、九〇年代にはまったく賃金を払わずに労働者を囲い込んでいる業者との争議を労働組合と取り組んだこともありました。暴力団と関係のある業者が上野や大宮から路上生活者ばかりを集めてきて、宿舎に泊めて、ただ働きを強いていました。私たちとしては囲い込まれている人に対して、賃金を精算させた上で、そこから出ることを勧めましたが、奴隷労働でも、そこにいれば最低限ご飯は食べられるということで、そこに残留することを決めた方がたくさんいました。社会保障が機能していないために、奴隷的な労働環境でも「最低限、飢え死にをしないこと」を優先せざるを得ないのです。それは私にとって非常に衝撃的な出来事で、このまま残ると言っていた人たちの死んだような目が今でも忘れられません。

時間軸と空間軸のなかで「その人」を見る

なぜ、こうした昔話をしてきたのかと言うと、私たちが生活に困窮している人を支援する際、重要な視点として歴史的な背景を見ていく必要があると考えるからです。

今目の前に、たとえば七〇代で路上生活をしている男性がいて、こちらが支援しようとしても、「もういい」と言っているとします。それは一見、社会に背を向けているように見えるかもしれないけれど、その言葉の背景にはさまざまな歴史があるわけです。その人が生きてきた時代において、当人が社会でどういう立ち位置にあって、どういう仕事をしてきたのか、どういう環境のもとで生きてきたのか、ということを見ていく必要があります。

そして、これからその人にどういう支援をしていくのか、ということを考えるときに、時間軸だけでなく、空間軸で見ていく必要もあります。

たとえば、ＮＰＯ法人もやいに相談に来る人のなかには、ブラック企業で働いていたという二〇代の若者もいます。大学を出て、ＩＴ関係の会社に勤めてプログラマーとして働いていて、一日十数時間の労働を強いられ、それによってうつ病を発症してしまった。働けなくなり、実家に戻って療養をするけれど、親からは「いつまでダラダラしているんだ」と言われ、親元からも追い出されてしまう。そしてネットカフェ難民になってお金も尽き、最後には路上生活になって、もやいに相談に来られるわけです。

そういう経験をした人に生活保護の申請をお手伝いして、アパートに入るときには連帯保証人になったりするのですが、その人が今後、どうやって生きていくかということを考えると、「もう一度、労働市場でがんばってね」と励ますことは、「もう一回、うつ病を発症したのと同じような状況に戻りなさい」ということと同義だったりするわけです。

ですから、その人の支援を考えるときには、ブラック企業で働かなくてもいいような環境を作っていかなければならない。すぐには難しいにしても、社会環境自体を変えていく必要があると思います。

過去において時間軸、空間軸を見ていくのと同時に、その人の未来をどうやってサポートして作っていくのかということも時間軸、空間軸のなかで見ていく必要があるわけです。

社会に働きかける活動は、ともすれば政治的とみなされたりして、福祉関係の人は嫌がることが多いのですけれども、その人が将来どのように生きていくかを考えていくなかで、どうしても社会的な視点というのは欠かせないと思います。

誰と連携してきたのか

私はこれまで貧困問題に関わるさまざまな活動を行なってきました。

まず、最初に始めたのは路上での支援です。野宿をしている人たちが最低限、路上死に陥らないために、炊き出しや夜回り、あるいはボランティアの医師や看護師に来てもらって健康相談をしてもらったりする活動を九〇年代に始めました。

その後、路上生活から抜け出すための支援策も始めます。たとえばアパートの連帯保証人提供です。ホームレスの人たちは、路上生活に至る過程のなかで人間関係が切れてしまっている人が多いので、何とか再就職を果たし、お金を貯めてアパートに入ろうと思っても、連帯保証人がいないことでつまずいてしまう。そのために、自分たちで連帯保証人を提供できるシステムを作りました。

そうやって、路上を抜け出してアパートに入れば、それで万々歳かと言うと、先ほど言った人間関係の貧困が解消されていないわけです。最低限の生活を送れるようになったけれども、人間関係という意味ではまだまだ社会的に孤立している。特に、もやいで初期にサポートしていた方は高齢者が多かったので、私たちが保証人になってアパートに入ったとしても、社会的に孤立してしまい、一週間誰ともしゃべっていないという状況の方が多かった。そうした当事者の声に応える形で、もやいでは毎週土曜日に事務所を開放して、みんなが集まれるサロンを作る、といった社会的な居場所づくりの活動を始めました。

そうした居場所づくりの活動を長く続けてくると、初期の頃から関わった人で、亡くなられる人も出てきます。家族との関係が切れている人は、亡くなった後も家族のもとに戻れないことが多く、いわゆる「無縁仏」として埋葬されるのですが、それだと「ちょっとさびしいよね」という声が当事者の中から上がり、知り合いのお坊さんたちに声をかけて、二〇〇八年にお墓を作りました。お寺の墓地に一区画用意してくださいまして、「結《ゆい》の墓」という名前の合同のお墓を作りました。葬儀についても協力してくれる葬儀業者が見つかり、私たちや生前に繋がりのあった友人たちがみんなでお見送りできるような形の葬儀が実現できるようになりました。私たちは「葬送支援」と呼んでいますが、路上から抜け出した後の人生の最後のステージにおける支援も行なっています。

一方で、いくら路上にいる人がそこから抜け出すのをサポートしても、逆にどんどん路上に押し出されてくる人がいる、という状況があります。たとえばアパートの家賃を滞納した人が業者によって暴力的に追い出されるという問題です。この「追い出し屋」問題については、法律家と協力しながら対策に取り組んできました。日本には借地借家法という法律があり、入居者には居住権があります。本来、アパートの家賃を一ヶ月、二ヶ月滞納しただけでは追い出してはいけないことになっているのですが、法律を無視して一方的に追い出す業者が少なくありません。それに対し、損害賠償の訴訟を起こしたりして、食い止めていこうという動きを作っています。

そして、もっと前の段階で、そもそも貧困に陥る原因のなかには、子ども時代の貧困、貧困の世代間連鎖という問題があります。近年、生活保護の世帯の子どもたちに対して学習の支援を行なったり、こども食堂のように地域の大人たちと接することができる居場所を作る、というような活動が全国的に広がっていますが、こうした動きも応援しています。

そうした一連の活動のなかで本当にさまざまな立場の人と連携をしてきました。医療従事者、法律家、不動産業者、僧侶、葬儀業者、教育関係者といった方々です。そしてそれらの問題を社会的に発信していくためには、ジャーナリストや労働組合、政治家、研究者など、本当にさまざまな職種の方々と連携して問題の社会的な解決を目指してきたと言えます。

ソーシャルワーカーに望むこと

こうした活動が今考えてみると、「ソーシャルワーク」と言えるものだったのかなと思いますが、これからソーシャルワーカーを目指す方々にぜひ望みたいことを述べて、一回目の講義の締めくくりにしたいと思います。

まず一つは、自分の活動領域を自分で狭めないことです。福祉関係者の間では、社会福祉を既存の制度の枠内だけで考えてしまうという傾向が根強くありますが、現代の社会問題は制度と制度の狭間で起こっている問題が多い。そして既存のシステムの隙間や狭間に落ち込んでしまった方々への支援を実際に行おうとするときに、サポートする側が既存の枠組みにとらわれてしまうと、結局何もできないことになってしまいます。だから自分の活動領域を自主規制しないというのが非常に重要です。

つい私たちは、解決が難しそうな問題は「専門家に任せておけばいいんだ」、「それは専門家がやってくれているはずだ」と思ってしまいがちなのですが、それができていないから、さまざまな社会問題が起きているわけです。むしろ、私たちの側からそれぞれの専門領域に閉じこもっている専門家を引っ張り出してくる、その人たちとネットワークを作っていくということが重要ではないでしょうか。

近年、社会的企業、ソーシャルビジネスが一種の流行になっています。それは良い面もあるのが、気になるのは、そうした起業家の多くが「自分がこの事業を行うことによって、特定の社会問題を解決できる」と言い切ってしまうことです。それはほとんど嘘だと私は思っています。一つの事業、一つの団体によって社会問題を解決できるなんてことは実際あり得ないことであって、実際はネットワークを作って問題を社会的に解決するという形しかありえません。

私たち支援者が陥りがちな罠ですが、「私たちが支援したことによって、この人はこんなに良くなりました」、「それによって社会問題がこういうふうに解決するんです」とアピールする人がいますね。アピールしないと資金や社会的注目を集めることができない。そのために誇張が入ってしまうのは仕方のない面もありますが、そこには必ず嘘が紛れ込みます。

「解決できる」と言っていると、結局は自己欺瞞《ぎまん》に陥ってしまうので、本当のところ、自分たちができているところがどこまでなのかをきちんと見ていく、自分たちの限界を知っておく必要があります。そういう意味で、常に自分たちがやっていることを客観的に見て、どこに隙間ができているのか、どこの部分が足りないのかを考えていく。その隙間にすぐに着手できないにしても、自己欺瞞に陥らないように、隙間を常に意識しておくことが重要です。

最後に、当事者の視線を意識することも忘れてはなりません。当事者といってもさまざまな当事者の方がいらっしゃいます。今回は路上生活の男性の状況を中心に説明しましたが、生活困窮に陥っている人のなかには、さまざまな立場の人がいる。そうした多様な当事者の視線というのを常に意識して、そこから逃げないでおく。すべてに応えることは当然できないわけですけれど、「この人たちの声にはまだ応えられていない」ということを常に意識しておくことが重要だろうと思っています。

殻に閉じこもらずにネットワークを作って問題の社会的な解決を目指すという動きに踏み出す人が一人でも増えることを願っています。

参考文献

稲葉剛『鵺《ぬえ》の鳴く夜を正しく恐れるために』エディマン／新宿書房、二〇一五年
自立生活サポートセンター・もやい編『貧困待ったなし！――とっちらかりの10年間』岩波書店、二〇一二年
湯浅誠『反貧困』岩波新書、二〇〇八年
生田武志『釜ヶ崎から――貧困と野宿の日本』ちくま文庫、二〇一六年
岩田正美『現代の貧困』ちくま新書、二〇〇七年
今野晴貴『ブラック企業』文春新書、二〇一二年

第2章 権利としての生活保護

この章は生活保護がテーマです。私は路上生活者の支援に始まり、さまざまな生活困窮者、路上生活の一歩手前で住まいの貧困に苦しんでいる方々や、アパートはあっても家賃が払えなくて困っている方々の相談・支援に関わってきました。また、法律家が中心となって二〇〇七年に設立された生活保護問題全国対策会議という団体で、生活保護の運用や制度に関する提言を行なう活動にも関わっています。

統計、相談から見る貧困の状況

最初に、貧困の現状を統計的にみると、日本国内の相対的貧困率は年々高まっており、二〇一二年で日本の相対的貧困率は一六・一%、つまり、だいたい六人に一人がいわゆる

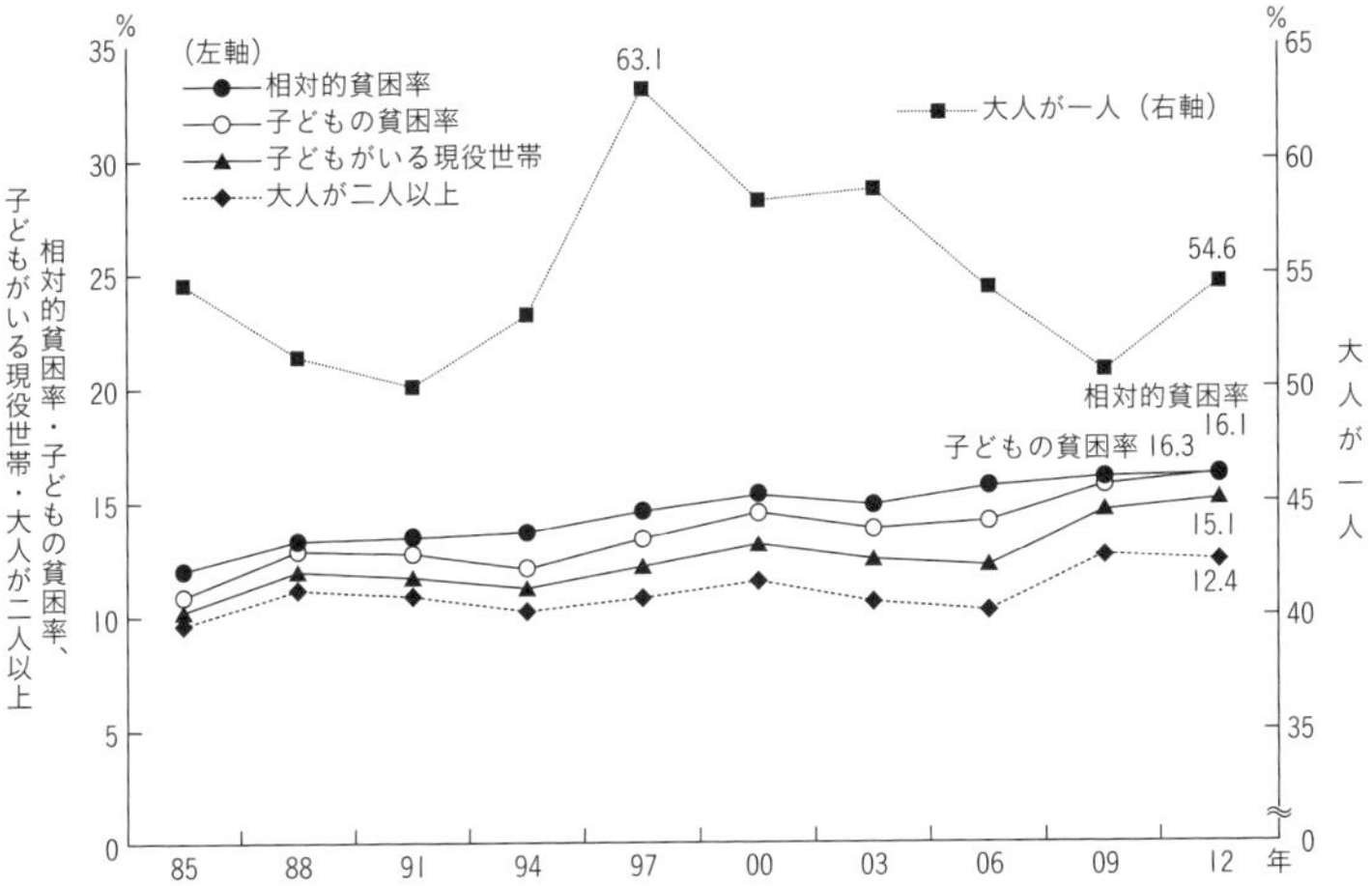

注:1) 平成6年の数値は兵庫県を除いたものである。
2) 貧困率は、OECDの作成基準に基づいて算出している。
3) 大人とは18歳以上の者、子どもとは17歳以下の者をいい、現役世帯とは世帯主が18歳以上66歳未満の世帯をいう。
4) 等価可処分所得金額不詳の世帯員は除く。

図1|相対的貧困率の推移(貧困率の年次推移)
出所:厚生労働省(2014)「平成25年国民生活基礎調査の結果」

貧困の状態にあります。とりわけ、ひとり親家庭の貧困が五四・六%とかなり高くなっています(図1)。

同時に、これは見落とされがちですが、日本にも絶対的な貧困があります(図2)。厚生労働省の人口動態統計には細かい死因別の統計があり、「食糧の不足」による死者の数がどのように推移してきたかを見ることができます。これは狭義の餓死者数を示している数字だと言えます。

一九八一~九四年までは年間の「食糧の不足」による死者数はだいたい二〇人前後で、低い水準にとどまっていました。ところが、一

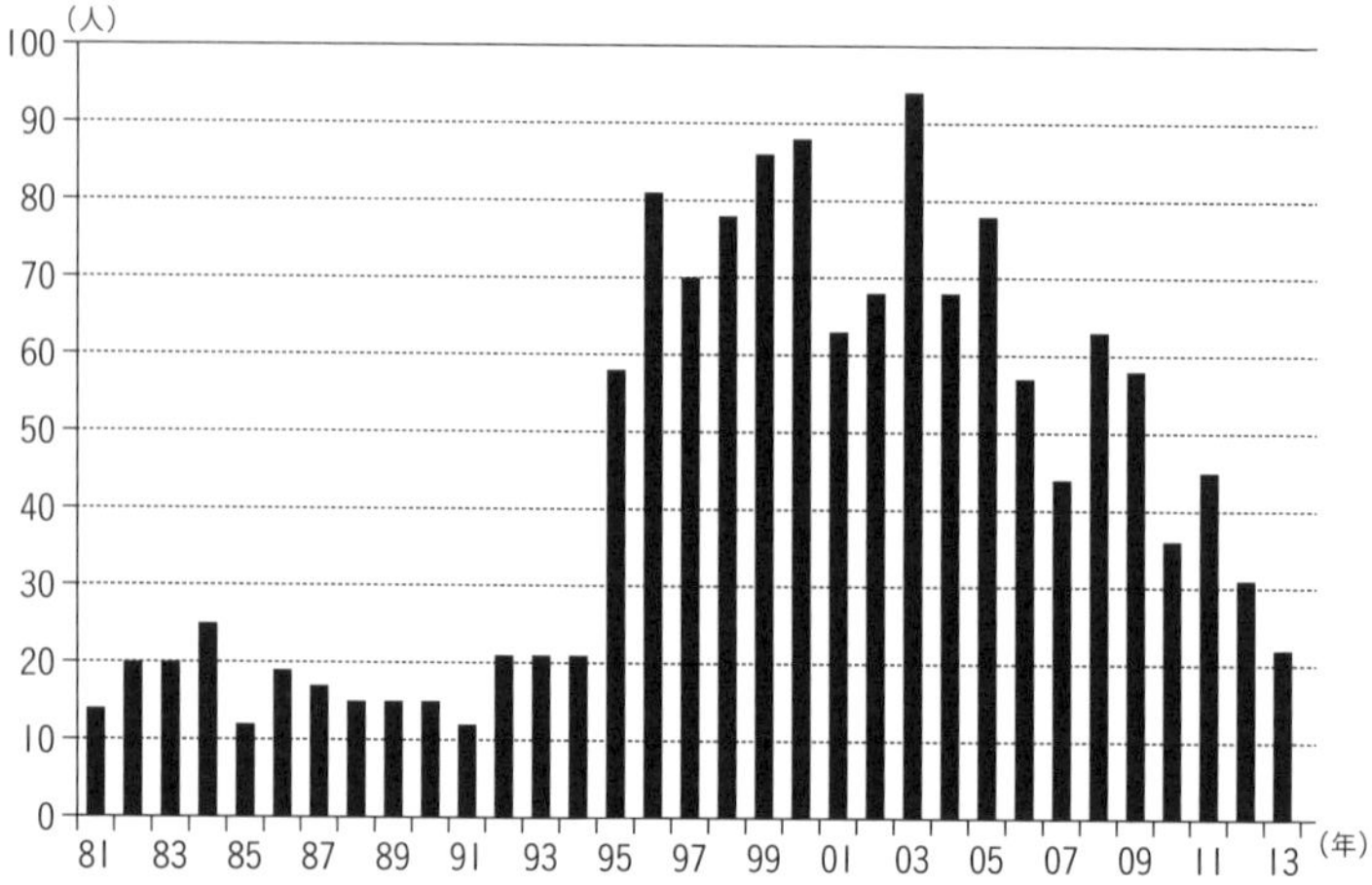

図2｜日本の絶対的貧困（国内の餓死者数の推移）
出所：厚生労働省（2014）「平成25年人口動態統計」

九九五年に五八人になります。これは都内そして全国各地で路上生活者が急増した時期と重なります。その後も非常に高い水準で推移して、今までで最も多かったのは、二〇〇三年の九三人です。日本社会のなかでほぼ四日に一人の割合で「食糧の不足」によって命を落とす人が出ていたということになります。

その後、この数はリーマン・ショック、世界同時不況から派遣切りの嵐が吹き荒れた時期に若干増えますが、その後減少傾向にあります。現場で活動している者の実感から言うと、二〇〇六年以降、各地の生活困窮者支援団体が「反貧困」というキーワードをもとにキャンペーンを行い、それぞれの地域で生活保護の申請同行などの支援

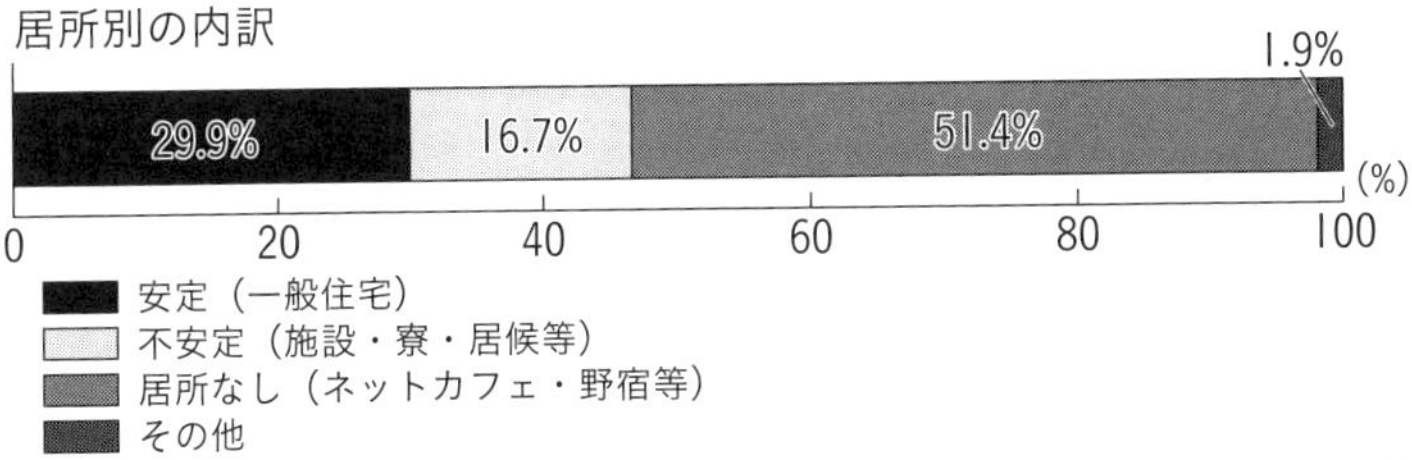

図3｜どのような人が相談に来ているのか（対象は、2004年〜2011年7月の2304ケース）
出所：自立生活サポートセンターもやい（2014）「もやい生活相談データ分析」

活動を本格的に始めたことによって生活保護の適用が進んだことがプラスに影響しているのではないか、と考えています。

次に、NPO法人もやいの相談がどういう状況にあるのかを見ていきます（図3）。もやいでは、週に二回電話相談を行っており、電話相談の件数は年に二千数百件にのぼります。毎週火曜日に実施している面談相談に来る人の人数は、二〇〇八年から二〇〇九年にかけて急増し、一番多いときで月に二〇〇件以上の相談がありました。現在は減少していますが、それでも年間七〇〇〜九〇〇件の相談が寄せられています。

相談に来られる方の属性が年々多様化しており、年齢層で言うと下は一〇代から上は八〇代、特に二〇、三〇代が三割を占めています。もともとは路上生活者の支援から出発した団体なので、当初はほとんどが五〇、六〇代の単身男性だったのですが、二〇〇四年くらいから若い人が増えてきています。女性の割合も以前は一割くらいでしたが、いまは二割程度まで増えています。

相談に来られる方の多くが不安定な居住形態にあります。所持金が一〇〇〇円未満の方が四割を超えており、困窮度が高い状態で相談に来ているというのが実状です。

最初で最後のセーフティネット

生活保護は、最後のセーフティネットと言われますが、相談現場においては、事実上、「最初で最後のセーフティネット」になっている現状があります。たとえば、私たちのところに相談に来る方の多くが失業状態にありますが、本来、失業者への対策としては雇用保険の失業給付という制度があるわけです。ところが、年々、この失業給付を受給できる失業者の割合が減ってきており、七〇年代には約七割が受けていましたが、ここ数年の統計をみると全失業者のうち失業給付を受給できている人の割合が二割程度まで下がっています。しかも、その二割の人のうち、多くが自己都合退職扱いになっており、労働相談等を行っている団体に聞くと、本来なら会社都合なのに自己都合退職にさせられている場合が多いということです。自己都合退職は、失業給付が出るにしても三ヶ月後となるため、その間の生活に困窮する方もたくさんいます。仕事を失ったのと同時に収入の手段が途絶えてしまうわけです。そうすると、家族からの支援を受けられる方はまだ一時的にしのぐことができますが、そうしたサポートのない人であれば、失業と同時に収入がなくなってホームレス化しかねないという状況があります。

その他にも、さまざまな社会保険のセーフティネットがありますが、たとえば、国民健康保険は、現在滞納率がどんどん上がっています。二〇一三年度の滞納世帯の割合は一八・一％にのぼり、そのために病気になってもなかなか病院にかかれないという話をよく聞きます。保険料、医療費が払えないために病気を放置しておいて、いよいよ病状が悪化して完全に働けなくなってから相談に来られる。重症化してから生活保護に繋がる人が多いため、結果的に生活保護の医療扶助が逆にたくさんかかってしまう状況があります。

住宅の分野では、特に東京や大阪などの大都市では住まいを確保するのに多額のお金がかかります。アパートを借りるために必要な敷金、礼金、仲介手数料などの初期費用は十数万～二十数万円かかり、月々の家賃も馬鹿になりません。そのため、最近では若い人の間でも脱法ハウスやネットカフェで暮らさざるをえない方がたくさんいます。本来住宅に困窮している人のためには公営住宅の制度があるのですが、都市部では倍率が非常に高く、セーフティネットとして機能していません。東京などの自治体の場合は、若年の単身者は都営住宅に申し込む資格すらなく、セーフティネットとして使えないことになります。

このように、生活保護の手前のセーフティネットが機能せず、本来歯止めがかかるべきところでかからない状況が生まれており、その結果、生活保護制度に多くの負担がかかっています。

機能不全の生活保護――水際作戦とスティグマ

それでも、生活保護が対象としているすべての人たちを捕捉していれば、それ以上貧困が悪化することはないわけです。ところが、最後のセーフティネットである生活保護も万全に機能しているとは言えない状況があります。

私たちは相談者にいつも「もやいに来る前にどこか他のところ、特に公的機関に相談に行きましたか」と聞いています。そうすると一人で福祉事務所に相談に行った方も結構いるのですが、その結果、実際に制度につながった方は一割程度しかおらず、七三・七%の方は何の制度利用にも繋がっていないと答えています（図4）。

これにはさまざまな理由があると思いますが、やはり一番大きいのは福祉事務所による水際作戦です。その象徴的な出来事として、神奈川県鎌倉市の福祉事務所の窓口が二年以上もの間、ついたてによって封鎖されていた、という事件がありました。ついたては、二

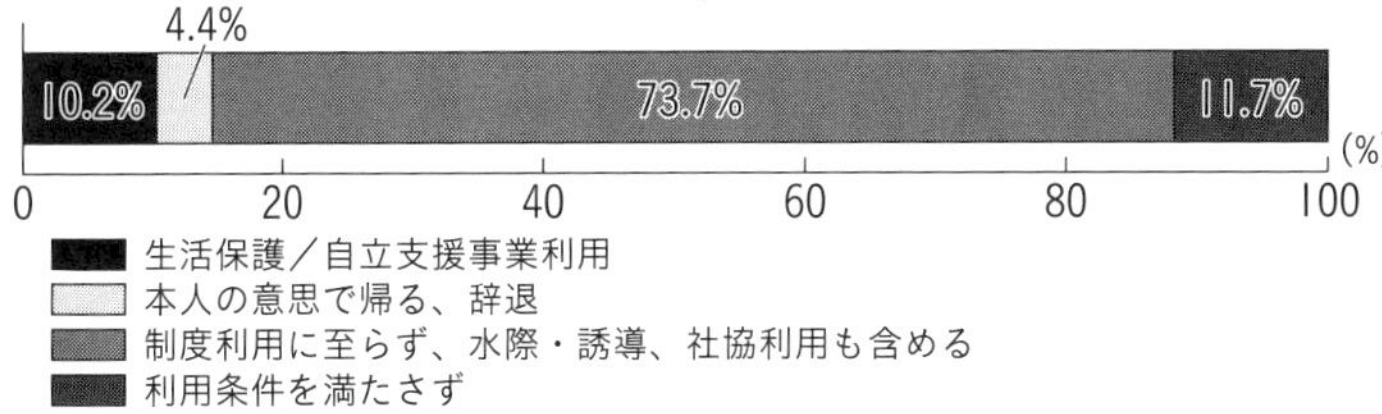

図４｜もやいに相談する前に福祉事務所を訪れた際の対応
出所：自立生活サポートセンターもやい（2014）「もやい生活相談データ分析」

〇一四年六月にＮＰＯ法人ＰＯＳＳＥが抗議をしたことがきっかけになり、撤去されましたが、二〇一二年四月から置かれていたそうです。

私も過去二〇年間に、累計三〇〇〇人以上の方の生活保護の申請に付き添った経験があり、福祉事務所職員によるさまざまな形の嫌がらせや水際作戦を経験しましたが、このような物理的な水際作戦は初めて見ました。

水際作戦は、過去にもさまざまな事件が起こっています（表1）。特に水際作戦がひどかったのは北九州市で、北九州市は以前「闇の北九州方式」と言われ、生活保護の予算を年間三〇〇億円以内に抑制する政策をとっていました。そのために用いた手法が、福祉事務所の職員に「申請書の交付は月五枚まで」、「年五件、廃止する」といったノルマを課すという方法で、そのために違法な水際作戦や保護の辞退強要が頻発しました。

その結果、北九州市では二〇〇五年から三年連続で餓死者が出ました。特に二〇〇七年の七月、病気で生活保護を受けてい

表1｜福祉事務所による水際作戦

2005年1月	北九州市	67歳男性が餓死
2006年1月	北九州市	74歳男性が下関駅を放火
2006年2月	京都市	54歳男性が86歳の認知症の母を殺害
2006年5月	北九州市	56歳男性が餓死
2006年7月	秋田市	37歳男性が市役所敷地内で自殺
2007年7月	浜松市	70歳女性が市役所敷地内で放置され病死
2010年8月	さいたま市	76歳男性が電気・ガス無しの生活を約10年続け、熱中症で死亡
2012年1月	札幌市	42歳女性が病死後、40歳の妹が凍死

た五二歳の男性が辞退届を書かされて、ご飯を食べられずに「おにぎり食べたい」とメモを残して亡くなった事件が大きな社会問題となりました。二〇〇七年に生活保護行政の改善を公約に掲げた市長が当選し、「闇の北九州方式」は撤廃されたと言われていますが、その後も、そこまでではないにしても、似たようなことは全国で行われております。

また、偏見やスティグマの問題も深刻です。二〇一二年、さいたま市で六〇代の夫婦と三〇代の男性、家族三人が部屋のなかで三人とも餓死した状態で見つかるという非常にショッキングな事件が起こりました。この方々は借金の問題などがあって生活に困り、周りの方にお金を貸してほしいと言っていたらしいのですが、自分から福祉事務所に相談に行くことはありませんでした。その要因の一つに、生活保護をめぐるスティグマがあったのではないかと、私は考えています。

スティグマは、福祉業界で使う用語で、「負の烙印」という意味です。もともとは古代ギリシアの時代に奴隷や家畜に焼きごてをしたことに由来する言葉です。日本では、福祉制度を利用する、特に生活保護を利用することに後ろめたい、恥ずかしいという意識が強い。周りから後ろ指を指されることもありますし、生活に困っている人自身がスティグマを内面化してしまうという問題もあります。

このスティグマを悪用したのが、二〇一二年に広がった生活保護バッシングです。芸能人の親族が生活保護を利用しているということが、まるで不正受給であるかのごとく、テレビや週刊誌で大きく取り上げられました。一連のバッシングのなかで、私が一番許せなかったのが、片山さつき参議院議員が繰り返していた「日本人が生活保護を利用することを恥だと思わなくなったのが問題だ」という発言です。これは明らかにスティグマを肯定し、助長する発言です。

このように、なかなか生活に困窮していても窓口に行かない、そして、窓口に行ったとしても追い返されてしまうという二重のブロックが働き、生活保護の利用を妨げていると考えています。

生活保護最大の問題──漏給

生活保護の利用者数は、二〇一六年現在、二一七万人まで増えています。この数は戦後最多であってこれを抑制しないといけないという方向に議論が進んでいます。しかし、利用率を人口比で見ると、二一七万人という数字は今の日本の人口の一・七〜一・八%であり、他の先進国に比べて、きわめて低い数字にとどまっています。しかも、制度を利用できる資格のある人のうち、実際に利用している人の割合である「捕捉率」は二〜三割です。これも諸外国に比べて非常に低い数字になっています。

ＥＵ諸国では、どこの国でも生活に困窮している人たちをそのまま放置しておくことは社会にとってマイナスであるという認識が強く、そのため政府が積極的に広報して、困っている人を制度に繋げる努力をしています。ところが、日本では広報をほとんどしない上に、生活困窮者が窓口に行っても追い返されてしまう現状があります。

日本の生活保護制度は資産の要件が非常に厳しく、「すっからかん」に近い状態にならないと利用できない、というマイナス面があるのですが、この厳しい要件をクリアしている人たちでも、生活保護を利用していな人が、少なくとも四百数十万人いると考えられます。この問題は「受給漏れ」または「漏給」問題と言われていますが、私はこの「漏給」問題こそが生活保護をめぐる最大の問題ではないかと考えています。

　こうした状況は国連の社会権規約委員会によって問題視されており、二〇一三年の五月一八日に日本政府に対する勧告が出されています。勧告の内容は多岐にわたりますが、貧困問題については三つの点が指摘されています。

　一つ目は、これは以前にも勧告されているのですが、年金問題に関して、国民年金制度に最低保障年金の制度を導入するようにということです。とりわけ、高齢の女性の多くは低年金、無年金の状況に置かれており、これを放置するとそのまま貧困が拡大してしまうので、最低保障年金を導入しなさいと勧告されています。

　二つ目は、生活保護の申請手続きを簡素化し、かつ申請者が尊厳をもって扱われることを確保するための措置をとることです。

　三つ目は、生活保護につきまとうスティグマを解消する目的で、国が住民の教育をきちんと行いなさいという勧告です。いずれも捕捉率を上げるために国がすべきことが述べられているわけです。

　ところが非常に皮肉なことに、この勧告が出されたのと同じ日に、安倍政権は生活保護法の「改正」案を閣議決定しました。私たちはずっと生活保護法「改正」案に対する反対運動に取り組んできていましたが、残念ながら二〇一三年の一二月に国会を通過し、その翌年の七月一日からこの改正生活保護法が施行されています。

改正生活保護法にはさまざまな問題がありますが、私たちが特に問題にしてきたのは、申請手続きの厳格化と扶養義務者への圧力強化の二つです。一点目については、政府が出してきた法案では、生活保護の申請手続きについて、申請者は申請書や添付書類を提出しなければならないとわざわざ書いてありました。従来の法律にはこうしたことは書かれておらず、保護の実施機関は、申請を受け付けなければならないということが書いてあります。主語が変わったわけですね。生活保護の申請は口頭でも可能であると裁判の判例で確定していますが、政府が出してきた法案には条文を変更して水際作戦を容易にする意図があったのではないかと疑っています。

特に問題なのは添付書類です。添付書類として想定されるのは、アパートの賃貸借契約書や銀行の通帳、年金手帳などで、本来、そうした書類は保護を申請した後に出せばよいことになっています。路上生活者の場合、銀行の通帳を全部盗まれてしまった人もいますし、ＤＶの被害を受けて着の身着のままで逃げてきた人の場合、さまざまな書類を揃えることは事実上不可能です。

これらの条文変更を批判した結果、国会の審議のなかで一部修正され、「特別の事情があるときは、この限りでない」という但し書きが付け加えられました。そのため、法案が通った後も、申請手続きが厳格化されるという事態は避けることができたと思っています。しかし、もう一つの問題である扶養義務者への圧力強化は、原案のまま通り、そのままの形で運用が始まっています。

家族は互いに助け合わなければならないという扶養義務は民法に書かれている義務です。家族といってもいろんな関係があり、民法の一般的な解釈では、生活保持義務（強い扶養義務）と生活扶助義務（弱い扶養義務）というように分けて考えられています。このうち前者は、夫婦の間の関係や、親の未成熟の子どもに対する関係であり、これは国際的に見ても同じような義務が定められている国がたくさんあります。

ところが日本の場合は、後者の義務も民法で定められています。生活扶助義務は、兄弟姉妹の間や、子どもが成人した後に老いた親に対して負う義務とされています。ただし、これらの義務は相対的に弱い義務なので、本来、強い義務とは分けて考えられなければなりません。芸能人の親族のケースで問題とされたのは、こちらの義務です。

従来の生活保護の運用のなかでも扶養義務は問題になってきました。ある人、Aさんが生活保護を申請したとき、通常は二親等以内の親族に対して、「Aさんが生活保護を申請したが、そちらで援助はできませんか」という問い合わせ（扶養照会）が行きます。現代の日本社会では家族関係が希薄化しているので、現状では、そうした問い合わせに対して、回答がなかったり、回答があっても援助できないという場合がほとんどです。これはある意味、当たり前のことで、そもそも援助できるような関係であれば、福祉事務所に行く前に援助してもらっているわけです。だから、この扶養照会は形だけの手続きとなっていました。

ところが、法改正によって、援助できないと回答した扶養義務者に対してさらにプレッシャーをかけることが可能になりました。援助できないという意思を示した親族に対して、福祉事務所が「なぜ援助できないのか」と、もう一度報告を求めることが可能になったのです。場合によっては、役所が家族の資産や収入をいろいろ調べて、こんなに経済力があるのに、なぜ援助できないのかと圧力をかけることが可能になりました。

ただ、法律上では福祉事務所にそういう権限が与えられたわけですが、実際にやるかどうかは、各福祉事務所の判断ということになっていますし、厚生労働省はこうした報告徴収を行うのはきわめて限定的な場合に限ると言っています。ですから、改正法が施行されましたけれども、いまのところ首都圏で私たちが相談にのっている範囲では、法改正によって厳しくなったという話は聞いていません。

ところが、これをまた悪用しようとする人たちが出てくるわけです。特に問題になっているのは大阪市です。大阪市は橋下徹が市長であった頃から生活保護を厳しく運用していく方針をとっており、この扶養義務の問題についても、法律の内容をも越えた動きを始めています。実際に大阪市住之江区であった扶養照会の事例ですが、三〇年以上前におばあさんと離婚した、祖父にあたる会ったこともない男性の扶養を求める書類が孫に届いたということもありました。

また、大阪市は独自に仕送り額目安表というものを作りました。それぞれの家族の収入と生活保護を申請した人との関係に応じて、仕送りする金額の目安を示したものです。これは国会でそうした基準を示すのは法律の趣旨にも反するのではないかと問題視されたのですが、大阪市側はあくまでこれは目安であり、強制ではないと言い逃れをしています。けれども、送られた側にとっては、親や兄弟姉妹が生活保護を受けているから、いくら仕送りするのが目安ですという書類が役所から届くと、そのようにしなければいけないと思ってしまいます。場合によっては、生活保護を申請した家族に連絡して、生活保護を取り下げさせることも起こりえます。

社会の問題から家族の問題へと逆行する動き

こうした形で、本来、社会的に解決すべき貧困の問題の責任を家族に押し付けるのは、時代に逆行する動きだと私は考えています。特に、民法上の扶養義務を強調するやり方については、子どもの貧困対策との関係で問題視しています。

二〇一三年六月に子どもの貧困対策法が成立しました。この法律には、子どもの将来が生まれ育った環境によって左右されることのないよう、貧困の状態にある子どもが健やかに育成される環境を社会的に整備すると書かれており、理念としてはよくできていると思っています。しかし、この子どもの貧困対策法の理念と、生活保護で扶養義務者に圧力をかけるという政策は完全に矛盾しています。

子どもの貧困対策法に基づいて、貧困の世代間連鎖を防止するため、生活保護世帯の子どもへの学習支援が各地で行われ、政府もこれに予算を付けています。これは確かに子どもの貧困対策に有効な手段だろうと思います。しかし、この施策により、今まで高校に行けなかった子どもたちが高校に行けるようになったとしても、その後どうなるかというと、日本の場合は給付型の奨学金が整備されていないので、なかなか大学までは行けません。そのため、高卒で社会に出る場合が多いのですが、社会に出て働くようになると、多くの場合、世帯分離といって、生活保護世帯の子どもたちを親の世帯から分けます。子どもを別世帯にして、子どもだけ生活保護から抜けさせるわけです。

一方で親はどんどん年齢を重ねていくわけですから、なかなか生活保護から抜け出せません。この状態で福祉事務所が扶養義務を強調すると何が起こるでしょうか。子どもは生活保護世帯の親族という扱いになりますので、せっかく学習支援を利用して自立した子どもに対して、今度は「親に対して仕送りをしなさい」と圧力をかける、ということになります。親子関係のあり方はそれぞれですが、福祉事務所から圧力をかけられることを苦痛に感じる子どもも多いと思います。

私がこの生活保護法改正案の反対運動をやっていた頃、九州に住む生活保護世帯の高校生からメールをいただいて、国会議員が集まる集会で、読み上げさせていただいたことがあります。この子はかなり複雑な家庭環境で育ったと聞いていますが、扶養義務の問題について「私はいつになれば私の人生を生きられるのですか」「子どもが親を養うことも当たり前のように思われていますが、それは恨んでいる親を、自分の夢まで捨てて養えということなのでしょうか。成績は充分であるにもかかわらず、進学は厳しいというこの状況はおかしいのではないでしょうか」と述べています。そうした子どもたちに対して、「自立したら親を養え」とプレッシャーをかけることは、明らかに子どもの貧困対策に反する動きです。貧困の問題を血縁関係のなかで解決するのではなく、社会的に解決することが子どもの貧困対策であり、貧困の世代間連鎖を防止するということですから、それにまったく逆行した政策だと言えます。

ナショナル・ミニマムとしての生活保護

安倍政権は生活保護基準の引き下げも実施しており、二〇一三年から二〇一五年にかけて三段階の引き下げが行なわれました。生活保護基準をめぐる議論でよく言われるのが、最低賃金や年金との関係です。「最低賃金でフルタイムで働いて得られる収入よりも生活保護のほうが高いのはけしからん」、あるいは「年金保険料を四〇年間まじめに払ってきた人が得られる国民年金より、生活保護が高いのはけしからん」ということがよく言われるのですが、これらは非常に奇妙な言い方だと思います。なぜなら、ワーキングプアや低年金の人も、月々の収入が生活保護基準よりも低く、しかも資産がなければ、生活保護は利用できるのです。ところが一般には、生活保護の「補足性の原理」が知られておらず、生活費のうち足りない部分を補うという生活保護の使い方があるということが知られていません。だから、生活に苦しむ人が実は自分も生活保護を受けられるということに思い至らず、生活保護利用者を妬んでしまうという状況が生まれています。

生活保護基準はナショナル・ミニマムですから、日本社会のなかで、この基準以下になってしまうと、最低限の健康で文化的な生活が立ち行かなくなってしまう、というラインを示す基準です。だから本来であれば、国はすべての人たちをそのラインまで底上げして、ライン以下の生活を強いられる人をゼロにする責任があります。ところが一般には、生活保護制度を最低賃金や年金などの制度と対立的な構図で捉えることが行われてしまっており、生活保護基準のナショナル・ミニマム性がないがしろにされています。

しかし、実際には生活保護基準は他の制度と対立しているのではなく、連動しています。そのため、生活保護基準が引き下げられることにより、他のさまざまな福祉制度が利用しづらくなる現象が起こっています。

一番影響が大きいのは就学援助制度です。就学援助は、低所得者の子どもたちに対して、学用品代や修学旅行費の一部を援助する制度で、その認定基準は自治体によって異なります。多くの場合、所得制限の基準は生活保護基準の一・〇～一・三倍と定められているため、生活保護基準が下がることで、就学援助を利用できる基準も同時に下がってしまいます。そのため、一部の自治体では、就学援助を受けられていた子どもたちの一部が受けられなくなるという事態が生まれています。

生活保護基準の引き下げが続けば、最終的には最低賃金まで下がってしまう危険性もあります。最低賃金は、二〇〇七年の法改正によって、生活保護基準との整合性をはかるとされましたが、生活保護基準を下げてしまえば、最低賃金を上げる根拠がなくなってしまうわけです。場合によっては、最低賃金を下げてもいいとなってしまう。生活保護を敵視する結果、社会全体の底割れが起こってしまうのです。

私たちとしては、こうした事実を多くの人に知ってもらうため、さまざまな媒体を使ったキャンペーンをおこなっていますが、残念ながら力不足のため、この生活保護基準の重要性、ナショナル・ミニマムの大切さがまだ一般の人に伝わっていないので、もっと力を入れていきたいと考えています。

日本では生活保護に限らず、社会保障全体について、権利としての社会保障という意識が非常に弱い。ともすれば、恩恵やおこぼれという意識があって、制度を利用する人も後ろめたい意識で使わざるをえない現状があります。そのために、生活に困っていても、役所の窓口まで行けない状況になっていますし、それによって、最悪の場合、孤立死してしまう人々もいるわけです。社会保障が何ら後ろめたい、恥ずかしいものではなく、困ったときには誰でも使える制度だという権利性を社会のなかに根付かせる、ということが、この国の貧困対策を進める上で重要な課題になっています。

参考文献
稲葉剛『生活保護から考える』岩波新書、二〇一三年
今野晴貴『生活保護――知られざる恐怖の現場』ちくま新書、二〇一三年
生活保護問題対策全国会議・編『間違いだらけの生活保護「改革」――Q&Aでわかる 基準引き下げと法「改正」の問題点』

明石書店、二〇一三年
さいきまこ『陽のあたる家――生活保護に支えられて』秋田書店、二〇一三年

第3章 バッシングと差別

日本社会に広がるさまざまな差別

この章のテーマは、バッシングと差別です。日本の社会にはさまざまな差別があり、私自身、路上生活者や生活保護利用者への差別や偏見と闘ってきました。そのような差別の実態及び、差別と貧困との関わりや、差別意識に乗じた形でのバッシングが制度や政策にどのように影響を与えているかをお話ししようと思っています。

私は生活困窮者支援の活動のなかで、路上生活者や日雇労働者への差別意識に常に向かい合っていました。一回目の講義でもお話ししましたが、全国の大都市では九〇年代の半ばからホームレス問題が深刻化し、多くの人が路上で凍死したり餓死したりと、貧困ゆえに死に至らしめられる状況が広まっていきました。

私たちは折にふれ、その状況を訴え続けてきたのですが、こうした路上死の問題は新聞やテレビではなかなか報じられない。その背景には、「ホームレス」と呼ばれる人たちや建築・土木現場で働いてきた日雇労働者への根強い偏見があったと思います。

今でも残っていますが、「汚い、臭い、怖い」といったマイナスイメージや「あの人たちは好きで野宿をしている」「怠けている」というレッテル張りが非常に強く、そうした人々が貧困ゆえに命を落としていても、それを社会の問題であると捉える視点が非常に弱かったことが、国内における貧困問題の「再発見」を遅らせる原因になったと考えています。

貧困と差別の関わり

支援現場で、生活に困窮している人々のライフヒストリーを聴いていると、個々人が貧困状態に陥っていく過程において、社会的な差別を受けた経験がさまざまな影響を与えていることに気づきます。

湯浅誠は、貧困に至る要因として、「教育課程からの排除」、「企業福祉からの排除」、「家族福祉からの排除」、「公的福祉からの排除」、「自分自身からの排除」という「五重の排除」という問題があると指摘していますが、社会的な差別にさらされている人は、この「五重の排除」を受けやすい状態にあると言えます。

たとえば、労働市場における男女の賃金や待遇の格差は、単身女性や母子家庭の貧困率の高さと大きく関わっています。教育における男女格差は解消されつつありますが、兄弟姉妹のなかで女の子の高等教育が後回しにされるのは昔話ではありません。

また、セクシャルマイノリティも就職時などに差別されることが多く、貧困に陥りやすい傾向にあります。もやいの生活相談の現場でもトランスジェンダーの人、同性愛者など、セクシャルマイノリティの人が自らのセクシュアリティを明らかにした上で相談に来る機会が近年、増えていますが、そのなかには精神疾患を患っているために働けず、生活に困窮している人も少なくありません。そうした人々の話を聞いてみると、もともとの発症のきっかけには、学校でのいじめや親の無理解といった差別・偏見に絡む問題が隠れている場合が少なくありません。

アメリカではセクシャルマイノリティの若者が実家から追い出され、ホームレス化することが社会問題になっており、アメリカの主要都市にいるホームレスの若者のうち約四割が性的少数者であることを自認している、という調査結果もあります。これも差別が貧困の要因になっている例だと言えます。

障害者の状況はどうでしょうか。障害者への差別については、二〇一六年四月に障害者差別解消法が施行されました。この法律は、二〇〇六年に国連総会で採択された障害者権利条約を日本が批准するために制定された法律の一つで、日本社会から障害を理由とする差別をなくしていくことを目的としています。

しかし、障害者が一般就労できる場は今でも限られており、賃金も低いままです。山田篤裕・慶応大教授らの研究グループの調査によると、障害者の相対的貧困率は二五％を超え、障害のない人の約二倍に至っていることが判明しています。

また、全国の共同作業所の連絡会である「きょうされん」が他の障害者団体とともに、二〇一二年に実施した調査では、福祉的就労を利用している障害者の過半数にあたる五六・一％が年収百万以下の低所得状態にあり、生活保護を利用している人は九・九五％と全国平均の約六倍にのぼったとのことでした。

このように、障害者の貧困も障害者差別が解消されていないことと密接に関連していると言えるのです。

深刻な外国人差別と貧困

外国人への差別については、二〇一六年六月に外国出身者への不当な差別的言動は許されないことを国として宣言するヘイトスピーチ解消法が施行されましたが、逆に言えば、ヘイトスピーチをなくすための法律を特別に制定しなければならないほど、日本国内で外国人差別は広がってしまっています。

在日外国人への就職差別は、一九七〇年に日立ソフトウェアに応募した在日韓国人二世が採用内定を取り消されたことをめぐる就職差別事件の訴訟で、原告が勝訴したことがきっかけとなり、表立った形ではあまり出てこなくなりました。

しかし二〇一五年、ブラック企業の筆頭格として批判されている「アリさんマークの引越社」をめぐる労働争議のなかで、この会社の上層部が管理職研修で「三国人」を採用しないように指導していたことが発覚しました。「三国人」とは、二〇〇〇年に当時の石原慎太郎・東京都知事が陸上自衛隊の式典での式辞で使用して問題になった差別語（在日朝鮮人・韓国人、台湾人を指す蔑称）ですが、「アリさんマーク」の事例は企業における国籍差別が根強く残っていることを示したものと言えます。

こうした就職差別に加え、在日外国人が貧困化する要因となっているのは年金における制度的な差別です。一九五九年に制定された国民年金法には国籍条項があったため、韓国籍・朝鮮籍などの在日外国人は制度から排除されていました。日本が難民条約を批准した翌年の一九八二年にようやく制度改正がなされましたが、一九八二年一月一日の時点で三五歳を超えている在日外国人は、六〇歳までに年金受給に必要な二五年の加入期間を満たすことができないために、在日外国人の高齢者が無年金となってしまう問題が発生しました。

その結果、在日外国人高齢者の多くは、最後のセーフティネットである生活保護を利用せざるをえなくなりました。ヘイトスピーチ団体が「在日特権」として攻撃をする在日外国人の生活保護受給率の高さは、「特権」どころか制度的な差別の結果だと言えるのです。

現在も続く歴史的な差別問題

「アリさんマーク」の管理職研修では、被差別部落の出身者も採用しないよう指導していました。全国の被差別部落の地名、所在地などを記した『部落地名総鑑』が全国の企業に極秘に売りつけられていたことが発覚した一九七五年の「部落地名総鑑事件」から四〇年以上の月日が経ちますが、部落差別は未だに根絶されてはいません。インターネット上での部落差別発言は珍しくありませんし、二〇一六年三月には『部落地名総鑑』を再発行しようとする出版社に対して、横浜地裁が出版や販売を禁止する仮処分決定を出す、という出来事もありました。部落差別は日本社会の現在進行形の問題だと言えます。

アイヌの人々や沖縄出身者への差別も根強いものがあります。私が路上生活者支援を始めた九〇年代半ばには、一九六四年の東京オリンピックの頃に地方から東京に出てきた、という経歴を持つ日雇労働者が路上にたくさんいましたが、アイヌの人や沖縄の人にお会いすることもよくありました。その背景には就職差別などの問題があったのだろうと推測しています。

差別問題を語る上で、日本がハンセン病患者・元患者に対して、長年にわたる隔離政策をとってきたことは忘れてはなりません。強制隔離を定めたらい予防法は一九九六年に廃止されましたが、社会に残る差別は完全に払拭されたとは言えません。ハンセン病だけでなく、ＨＩＶやてんかんなど特定の疾患を抱える人たちへの偏見や差別は依然として解消されておらず、そうした人々が貧困に陥りやすい要因となっています。

行政の人権問題の捉え方

こうした差別の問題、人権の問題を行政側はどのように把握しているのでしょうか。東京都は二〇一五年七月、新たな「人権施策推進指針」を発表しました。その中身は、二〇二〇年の東京オリンピック・パラリンピックを意識した内容になっており、「人間としての存在や尊厳が尊重され、思いやりに満ちた東京」、「あらゆる差別を許さないという人権意識が広く社会に浸透した東京」、「多様性を尊重し、そこから生じるさまざまな違いに寛容な東京」の三つを基本理念とするとしています。

その上で、指針は一七の人権課題を取り上げて、課題ごとの現状を分析しています。一七の人権課題とされているのは、「女性」、「子ども」、「高齢者」、「障害者」、「同和問題」、「アイヌの人々」、「外国人」、「ＨＩＶ感染者・ハンセン病患者等」、「犯罪被害者やその家族」、「インターネットによる人権侵害」、「北朝鮮による拉致問題」、「災害に伴う人権問題」、「ハラスメント」、「性同一性障害者」、「性的指向」、「路上生活者」、「さまざまな人権課題（刑を終えて出所した人、個人情報の流出やプライバシー侵害、親子関係・国籍、人身取引等）」です。

今回の人権施策推進指針は十五年ぶりに改訂されたものです。前回、二〇〇〇年の指針では「路上生活者」問題は「その他の人権課題」に含まれており、独立した課題としては扱われていませんでした。それが私たち運動団体の働きかけもあって、「昇格」したわけです。

襲撃をなくすための教育実践

私が路上生活者の問題を都の人権行政における重点課題として取り扱ってほしいと要望してきたのは、路上生活者への差別や偏見に基づく襲撃が後を絶たないからです。

特に中高生など若い人たちが、路上生活者に石を投げたり、ロケット花火を打ち込んだり、最悪の場合はリンチをして命を奪うといった襲撃事件がここ九〇年代半ば以降、全国で多発しており、東京都内でもそうした襲撃により計十一人が命を奪われています。

二〇一四年の夏、都内の生活困窮者支援団体が合同で、この襲撃の実態を明らかにするためにアンケート調査を行いました。これは都内各地で野宿をしている三四七人の方に、「襲撃をされたことがありますか」、「襲撃をした相手はどういう人でしたか」というようなことを聞き取ったものです。その結果、実に約四割の方が襲撃された経験があると答えています。どういう人が襲撃したのかについては、やはり子ども、若者のようだったという答えが多く、全体の三八%にのぼっています。

こうした結果を受けて、同年の八月に、東京都に対して都内の支援団体が合同で申し入れを行い、襲撃事件をなくすための対策を求めました。たとえば、学校現場で路上生活者の人権に関する授業を行ってほしいということや、襲撃があったときに当事者から報告を受けるための窓口を都に設けてほしいこと、そして当事者の声を反映した人権施策を行ってほしいというものです。この調査結果と申し入れは当日のNHKニュースに大きく取り上げられ、その翌日に舛添要一知事（当時）が、これは重要な問題なので対策を徹底したいと記者会見の場で述べるまでに至りました。ただ残念ながら、その後も具体的な対策はあまり進んでいません。

都内におけるこうした襲撃は、一時期、墨田区で集中的に発生していました。その要因としては、墨田区には隅田川、荒川の広い河川敷があり、そこでテント生活をしている人が多く、かつ学校も近くにあるために、中学生がよく遊んでいる地域と野宿をしている人の生活領域が重なり合うところが多い、ということがあげられます。ただ、そうした地理的な要因に加えて、支援団体からは二〇一〇年に墨田区区議会で制定されたアルミ缶・古紙の持ち去り禁止条例の影響も指摘されています。路上生活者のなかには、アルミ缶や古紙を回収して生計を立てている人がたくさんいますが、近年、これらの物の回収を禁止する条例を制定する動きが各地に広がっています。この条例によって路上生活者の生計手段が奪われるだけでなく、路上生活者は「違法」な回収をする人たちであるという見方が広がり、差別感情・偏見が悪化したと支援団体は指摘しています。

墨田区での襲撃については、私も地元の当事者や支援団体がおこなった区の教育委員会への申し入れや交渉に何度も同席しました。粘り強い交渉の結果、区教委は二〇一四年の春に襲撃を防止するための教育プログラムを実施すると約束しました。ただ、学校の先生たちは、そもそも路上生活者問題について知らない人ばかりなので、区教委が教職員向けの研修会を急いで実施し、私も何度か区教委主催の研修会に呼んでいただき、レクチャーを行ないました。

私は一般社団法人ホームレス問題の授業づくり全国ネットという団体の理事も務めているのですが、この団体では襲撃をなくすための教材DVDの制作やホームレス問題に関する授業づくりのノウハウを蓄積してきました。研修会では、そうした教材を使いながら、なるべく路上生活の当事者や経験者を学校に呼んで、直接顔を合わせることで偏見を取り除いていくような授業をしてほしいと要望しました。

その後、二〇一四年の六月から七月上旬にかけて、墨田区内のすべての中学生と小学五、六年生を対象にホームレス問題に関する授業がおこなわれ、その結果、襲撃件数が前年の一〇分の一程度にまで減りました。学校によっては、実際に野宿をしている当事者を呼んで、生徒と話し合うという授業を実施したところもあります。現時点では都はまだ消極的な姿勢ですが、こうした授業実践を各地に広げていきたいと思っています。

欧米では、人種、宗教、民族、性的指向、性別、障害者等、特定のカテゴリーに属する人々に対する憎悪や偏見に基づく犯罪である「ヘイトクライム」が深刻な社会問題となっていますが、日本におけるホームレスの人々への襲撃も「ヘイトクライム」の一種であると言えます。根絶に向けて、社会全体での取り組みが求められています。

仕事・住まい探しでの偏見による弊害

襲撃に見られるように、差別は最悪、生命の問題に直結しますが、同時にそれは貧困状態にある人がそこから脱却しようとする際に足を引っ張ることもあります。

東京では二〇〇〇年に路上生活者対策として、全国に先駆けて自立支援センターという施設ができました。野宿状態になり住所や住民票を失ってしまうと、履歴書に書く住所がない等の問題が生じ、就職活動に困難が生じることになります。

自立支援センターはこの問題を解決するために、路上生活者に施設に入所してもらい、施設の住所で住民票を取得してもらった上で、再就職を支援するという仕組みです。仕事が見つかったら、当面の間は施設から通ってお金を貯め、後にアパートに入るというプログラムになっています。

この対策に問題点もあります。一番の問題点は仕事を探す期間が非常に短いということです。東京のセンターの入所期間は原則二ヶ月で、仕事がみつからないままの利用者に対して、仕事が見つからないのはあなたの責任だからといって路上に戻す対応をしている区もあります。そうは言っても、曲がりなりにも就労支援のための対策が、東京では二〇〇〇年から始まったということになります。

ところが、この自立支援センターの住所が業界に流出してしまったことがありました。センターから就職する人は警備や清掃の仕事に就く人が多く、会社側から見ると、同じ住所の人がたくさん面接に来るという状況になります。少し調べると、そこの住所で求職活動をする人は自立支援センターの入所者である、つまり元ホームレスであるということもわかってきます。実際にある業界では、住所を記載したリストがまわっており、部落差別と同じような住所による差別が行われていたと聞いたことがあります。

また、行政が自立支援センターを作ろうとすると、必ずと言っていいほど地域で反対運動が起こるため、あまり人が住んでいない地域にセンターがつくられる傾向があります。一時期、自立支援センターの一つが上野公園の敷地内にあったことがありますが、そうすると住民票上の住所が上野公園になるわけですね。明らかに一般住宅に住んでいる人ではない、ということが住民票から判明してしまうわけで、せっかく住所を設定して仕事を探そうとしてもマイナスになってしまうことが実際に起こっています。

生活保護の運用における差別

最後のセーフティネットである生活保護の現場でも、一部の人たちに対する差別的な運用が散見されます。

路上生活者など住まいのない状態の人が福祉事務所に相談に行くと、住まいのある人に比べて、行政の水際作戦に遭いやすいという問題があります。ホームレスの人に法律通りに生活保護を運用すると、自分たちの地域にどんどん人が集まってきてしまうという「呼び寄せ効果」を信じている自治体関係者が存在するため、生活保護の無差別平等の原則を無視して、「住所不定者」に特に厳しい対応をする福祉事務所は少なくありません。

外国人も永住者、定住者、日本人の配偶者、永住者の配偶者などのビザを持つ人は生活保護の対象になりますが、これらの外国人の生活保護はあくまで生活保護法の「準用」という扱いであって、権利としては確立されていません。そのため、福祉事務所の決定に不服があっても、不服審査請求ができない等、差別的な取り扱いが行なわれています。

バッシングを利用した制度改革

今まで見てきたことを単純化すると、社会的あるいは制度的な差別を受けてきた人々は貧困に陥りやすく、貧困状態から抜け出すにも差別が足を引っ張るという構図があると言えます。そして、貧困状態に陥った人々が生活保護制度を利用することで、生活を安定させようとすると、さらに生活保護利用者であることによるレッテル張りをされ、バッシングを受ける、という状況が広がっています。

近年、日本社会に生活保護の制度と利用者に対するマイナスイメージが広がる中、一部の行政や政治家がバッシングを悪用して制度や運用を変えようとする動きが顕著になっています。

たとえば、生活保護利用者がパチンコ等で浪費をするのは許せない、という世論を背景に、大阪市は二〇一五年二月、全国で初めて生活保護費の一部をプリペイドカードで支給するモデル事業を始めました。この事業は発表された当初から、全国の法律家、研究者、生活困窮者支援団体などから大きな批判を浴びましたが、大阪市はモデル事業の導入を強行しました。しかし、この事業は当事者の評判も悪く、希望者がわずか六五世帯と、目標である二千世帯に大きく届かなかったため、大阪市は一年でモデル事業を取りやめました。

大分県の別府市と中津市では、生活保護利用者がパチンコなどをした場合、生活保護費の支給の一部を停止していたことが二〇一五年に発覚し、問題となりました。国と県がこうした措置は「不適切」であるという指摘をしたことを受け、両市は二〇一六年度から停止措置をおこなわない方針を発表しましたが、インターネット上の議論では両市のこれまでの対応を支持する意見が大半を占め、保護費を現金で渡すのではなく、現物で渡すべきだという主張に支持が集まりました。生活保護の現物給付化は、「日本維新の会」や「次世代の党」が政策として掲げたこともあり、自民党の「生活保護に関するプロジェクトチーム」（座長：世耕弘成参議院議員）が二〇一二年にまとめた提言にも盛り込まれています。

現物給付は、アメリカでフードスタンプなどの形で広がっていますが、利権が入り込みやすく、貧困ビジネス化していると指摘されています。大阪市のモデル事業では、店側が手数料を立て替える仕組みになっていましたが、これによってキャッシュレス決済を広げていくことが目標とされており、行政がそうした一部企業に加担することは問題であると言わざるをえません。

プリペイドカードを導入する際の理由としては、生活保護利用者のなかにアルコールやギャンブルでお金を使い果たしてしまう人がいるからだと言われます。こうしたアルコールやギャンブルの問題はよく道徳的な問題と見られがちですが、実際には依存症が背景にある場合がほとんどです。そうした場合に必要なことは、管理や制裁ではなく治療であり、現場レベルでは福祉事務所の職員も含めてそうした認識が広がっています。管理すれば何とかなるというのは、現場を知らない人の言い分で、それによって、ますますスティグマが強まってしまうところが一番の問題だと思っています。

大阪市の橋下徹・前市長にせよ、自民党のプロジェクトチームにせよ、生活保護の現物給付化や締めつけを主張する人々の基本にある考え方は人権制限論です。自民党のプロジェクトチームの座長を務めた世耕議員は、「(一連の生活保護改革に)反対する人の根底にある考え方は、フルスペックの人権をすべて認めてほしいというものだ。つまり生活保護を受給していても、パチンコをやったり、お酒を頻繁に飲みに行くことは個人の自由だという。しかしわれわれは、税金で全額生活を見てもらっている以上、憲法上の権利は保障した上で、一定の権利の制限があって仕方がないと考える」と述べています。

おそらくこの人の頭の中には、技術者が製品に搭載する「スペック」(性能)を自由に変えることができるように、政府が人権を細分化して、「この人にはここまで」とコントロールできるという考え方があります。非常に危険な発想です。

いったん、この人権制限論を認めてしまうと、他の福祉制度の利用者にも援用できることになってしまいます。その先駆けが、二〇一三年に制定された兵庫県小野市の福祉給付制度適正化条例です。これは市が生活保護に限らず、さまざまな福祉制度を利用している人を住民全体で見守りましょうという条例で、利用者の浪費がわかった場合、住民は行政に対して通知をしなければいけないという通知義務が書かれています。住民の相互監視を求めているわけですね。たとえば、児童扶養手当の利用者である母子家庭の親子がファミリーレストランでご飯を食べていて、これは「浪費」だと考えた人がいたら、それを市に通報しないといけないという制度になっているわけです。実際には、条例ができても最初の一年間で一〇件程度しか通報がなかったと聞いていますが、こうした条例が地域社会に与える影響は大きいと言えます。

ある特定の制度を利用している人のマイナスイメージを広げ、さらにもともと社会にある偏見を利用して、バッシングを引き起こす。バッシング的な世論が出たところで制度を変え、社会保障費を抑制していくという動きが、二〇一二年以降はいままで以上に露骨な形で現れています。こうした制度改悪に対して当事者が反対しようとしても、バッシングをおそれて、声をあげにくい状況が生まれています。これは生活保護だけの問題ではありません。医療や介護などさまざまな社会保障の予算を抑制していこうという動きが明白になりつつあるなか、同じようなやり方で差別・偏見をあおって制度を変えていく動きに警戒しないといけません。

バッシングをする人の心理

生活保護バッシングをめぐって、私はバッシングをする人の心理に「徴兵逃れ」の人たちを叩くのと同じような心理があるのではないかと指摘してきました。韓国ではよく徴兵逃れをした芸能人に対するバッシングが起こっていますが、それと似たような構図があるのではないかと感じるのです。

生活保護の利用者には当然働けない状態の方がたくさんいますし、働ける状態の方であっても福祉事務所からさまざまな就労指導が入ります。だから、決してのうのうと生活しているわけではないのですけれども、あたかもその人たちが楽をして生活をしているかのように見られてしまう。そのように見てしまう原因の一つに、バッシングする側にいる人々の労働状況が年々悪化してきて、ブラック企業の問題に代表されるように、日本社会で「普通に働いて普通に生きる」ということがどんどん困難になっている状況があると思います。ところが、それに対して「普通に生きさせろ」という声がなかなかあがらない。耐え忍ばなければならないと思っているために、生活保護の利用者に対して「ずるい」という見方をしてしまうのだろうと考えています。

石原吉郎さんというシベリア抑留を経験した詩人の、シベリア強制収容所でのエピソードがあります。日本人で器用な人が自分で針を作って、それをパンと交換していた。ところが針の密売がソ連側に内部からの密告によってばれてしまいます。自分の苦しい状況に対して、抗議をするとか異論を唱えるというよりも、自分よりも「ちょっと得をしている」ように見える人を告発することを選んでしまう。それによって自分の生き延びる条件が少しでも変わることがないにせよ、隣人が明らかに有利な条件を手にすることを彼は許せないのである、と石原は書いています。それを彼は「弱者の正義」という言葉で説明していますが、彼はこれこそが強制収容所という人間不信の体系の根源を問う重要な感情だと言っています。

残念ながら、今の日本社会では石原吉郎の言う「弱者の正義」が蔓延しているのではないでしょうか。ヘイトスピーチ団体の唱える「在日特権」批判などはその最たるもので、現実には存在しない「特権」を作り出してまでバッシングを展開しています。

日本社会で人権意識を確立していくために

小熊英二さんは二〇一五年一月一三日付けの朝日新聞のコラムで、「日本は戦後七〇年を迎えた。労働環境、女性の地位、貧困と格差、歴史認識など課題は多い。だがそれらは、決して相互に無関係な問題ではない。共通して問われているのは、この七〇年で、日本社会にどれだけ人権意識が根付いたかに他ならないからだ」という問題提起をしていますが、私もまさにその通りだと思っています。小熊さんの言うように、「自分の人権が尊重された経験がない者は、他人の人権も尊重しない」。自分が苦しい状況にあってもそれを耐え忍ばないといけない、そしてそれが美徳であるという考えの持ち主は他者に対しても黙って耐えることを求めるのです。

そうした文化を根底から変えていくためには、一人ひとりが自分の権利のために声をあげていくという実践を積み重ねていくしかありません。

この十年間の反貧困運動は、当初、国内の貧困問題を可視化することが大きな目標でしたが、それは概ね達成できたと思います。もはや日本国内に貧困は存在しないと言う人はいない。ただ、貧困が存在することが当たり前になった社会において、誰もが余裕がなくなり、もう一度、自己責任論が戻ってきているのではないか。そこに欠けているのは、そもそも何が貧困を生み出しているのかという社会構造の把握であり、その構造を「私たち自身の手で変えられる」という感覚です。

差別やバッシングの問題を追求していくと、人権意識が希薄で、それゆえに「弱者の正義」が蔓延している日本社会のあり方にぶち当たります。この問題は知れば知るほど、絶望的な気持ちになりますが、貧困と差別が密接に関連している以上、貧困問題の解決を目指すということは、そうした日本社会のあり方、私たち自身の意識を変えていく、ということと同義である、と言えるでしょう。

参考文献

香山リカ『ヒューマンライツ――人権をめぐる旅へ』ころから、二〇一五年
北村年子『「ホームレス」襲撃事件と子どもたち』太郎次郎社エディタス、二〇〇九年
笹沼弘志『ホームレスと自立／排除』大月書店、二〇〇八年
田中宏『在日外国人 第三版』岩波新書、二〇一三年
生活保護問題対策全国会議・編『間違いだらけの生活保護バッシング――Q＆Aでわかる 生活保護の誤解と利用者の実像』明石書店、二〇一二年
石原吉郎『望郷と海』筑摩書房、一九七二年

第4章 拡大する住まいの貧困

この章のテーマは、住まいの貧困です。私は九四年から路上生活者の支援に関わり、二〇〇一年に「もやい」を立ち上げ、現在まで幅広い生活困窮者の支援活動を行ってきました。活動のなかでは、「いのち、住まい、権利」という三つのキーワードを重視しており、特に住まいの貧困に関しては「住まいの貧困に取り組むネットワーク」という運動団体も立ち上げて取り組んでいます。

しかし残念ながら日本では、住宅の問題は非常に軽視されてきました。最近の例では、二〇二〇年の東京オリンピック・パラリンピックのメイン会場となる新国立競技場建設に伴う立ち退き問題がありました。新国立競技場はデザインをめぐっての迷走が注目されましたが、同時に隣接する都営霞ヶ丘アパートが取り壊されることになり、ここに住んでいる住民が立ち退きをさせられてしまいました。その多くは七〇代、八〇代の高齢者です。

これはオリンピック憲章にも違反する居住権侵害であり、住民の命と健康に関わる重要な問題なのですが、マスメディアではほとんど報道されていません。これだけ住宅問題が軽視されているのはなぜだろうと考えざるを得ない状況です。

ドヤ街の高齢化

高齢者の住宅に関して、象徴的な事件をもう一つ取り上げます。二〇一五年五月に川崎市川崎区日新町にあるドヤ（簡易旅館）で火災が発生して二棟が全焼し、そこに暮らしていた十一名の方が亡くなりました。この火災でまず問題になったのは、この建物が違法建築であったのではないかということです。木造で築五〇年以上経った古い二階建ての建物だったのですが、それをさらに三階建てに改築している。これが違法建築の疑いが強いということで、国土交通省が全国のドヤを一斉調査することになりました。その後、川崎では、ドヤの三階部分には居住しないようにという指導がなされました。

しかし、この火災の背景には、もう一つ重要な問題があります。ドヤの入居者の九割以上は生活保護の利用者で、単身で身寄りのない高齢者がほとんどでした。そもそもドヤは旅館業法に基づく旅館の一形態であって、福祉施設ではありません。なぜ、福祉施設ではない場所に、単身・高齢の生活保護利用者がこんなに多数暮らしているのでしょうか。

全国にはドヤが集まった「寄せ場」、「ドヤ街」と呼ばれる場所がいくつかあります。東京の山谷《さんや》、横浜の寿町《ことぶきちょう》、大阪の釜ヶ崎《かまがさき》といった地域です。こうした寄せ場には青空労働市場があることが特徴で、早朝に行くと仕事を求める日雇い労働者が路上にたくさん集まっています。そこに手配師と呼ばれる人たちがやってきて、「兄ちゃん、仕事行かないかい」と声をかける。そして、ワゴン車に乗せて現場まで連れて行くことになります。実はこの路上での手配行為は違法であり、手配師の多くは暴力団と関係を持っていて、賃金の一部をピンハネしています。

日雇い労働者が連れて行かれる労働環境は劣悪なところが多く、危険な現場で働いて労災にあったり、労働者が亡くなったりというような事故も多発しています。夕方になると、仕事が終わった労働者が寄せ場に戻ってきて、ドヤに泊まります。以前は一泊数百円でドヤに泊まることができましたが、今では大体二〇〇〇円前後になっています。

かつてはこうした寄せ場が各地に存在していましたが、バブル崩壊後から日雇いの建築・土木の仕事が激減し、現役の労働者がドヤに泊まれなくって路上生活に追い込まれていきました。その一方で増えてきたのが生活保護の利用者です。特に東京の山谷は、オイルショックの頃に東京都がドヤでの生活保護を容認したという経緯もあり、ドヤは生活保護の高齢者でいっぱいになります。一方、大阪市はドヤでの生活保護を認めていないため、釜ヶ崎に行くと建物はそのままで、日割の宿泊費から月極めの家賃に変更し、名目上、ドヤからマンションに変えて、生活保護の人を受け入れているところがあります。現在はどこのドヤ街も生活保護利用者の方が中心となっており、高齢化率が非常に高くなっています。

生活保護利用者の住まい

もう一つ踏まえておきたいのは、住まいのない方が生活保護を申請したときに、どのような流れをたどるかということです。路上生活者やネットカフェにいる人、あるいは友達の家を転々としている人など、いわゆる住所不定の状態の人が生活保護を申請したときにどうなるのでしょうか。

生活保護制度のなかでは、現在地保護という原則があり、住まいがなくても今いるところで生活保護を申請すればいいということになっています。一部の自治体は未だに「水際作戦」をおこなっているので、それを突破する必要があるのですが、制度上は住まいのない人でも生活保護の申請は可能です。ただ、申請後は路上生活をしながら保護費を受け取ることはできないので、一時的にどこかに住まなくてはいけません。生活保護法の三〇条に居宅保護の原則というのがあり、生活保護は原則、利用者の自宅で実施することが定められています。しかし、住まいがない状態の方がアパートに入るためには、敷金・礼金や不動産手数料、保証人がいない人は家賃保証会社を利用するための保証料など、多額の初期費用が必要になります。そのため、生活保護制度にはアパート入居のための一時金を支給する仕組みがあり、東京では最大二七万九二〇〇円まで支給することができます。東京では月々の家賃の上限額は五万三七〇〇円となっていますので、この範囲内でアパートを見つけて、一時金を支給してもらって、アパートに入るというのが本来の流れです。

しかし、現実にはすぐにアパートへ転居できる人は稀《まれ》で、住む場所がない人の多くはとりあえず、ドヤや民間の宿泊所に入ることになります。ここが問題で、本来、こうした場所はアパートへ転宅するための中間的、過渡的な居所とされていますが、実際には長期間、ドヤや宿泊所に入れられっぱなしという人も少なくありません。もやいに相談に来られる方のなかにも、宿泊所に七年、八年と暮らしているケースも珍しくありません。本来一時的な居所であるはずの場所に、多くの生活保護利用者が滞留してしまっているのです。

貧困ビジネスが多い「無料低額宿泊所」

民間の宿泊所とはどういう場所でしょうか。制度上は社会福祉法に基づく「無料低額宿泊所」にあたりますが、実際は無料でも低額でもなく、いわゆる貧困ビジネスの温床になっています。貧困ビジネス系の施設では、狭い部屋に多人数を入れて、一人当たり生活保護費から宿泊費と食費という名目で一〇万円ほどを天引きし、ご本人の手元にはほとんどお金が残らないような仕組みになっています。このような宿泊所では、衛生面での問題や入所者間でのトラブル、ひどいところだと職員の暴力などの問題が発生しています。

このような実態があるにもかかわらず、各地の福祉事務所は貧困ビジネスの宿泊所を「必要悪」として利用してきました。東京や千葉、神奈川、埼玉など首都圏の福祉事務所の多くは、住まいのない人が生活保護を申請した場合、地域内にある宿泊所に誘導しています。本来はこうした住まいのない状態の人を受け入れる施設として、「更生施設」、「救護施設」といった公的な施設が生活保護法に定められていますが、これらの施設は圧倒的に不足しているため、民間の貧困ビジネスの施設に行政が依存しているという状況です。

もやいには、こうした宿泊所に入っている方から、食事も粗末だし、衛生環境も悪くて、皮膚も病気になってしまったので、早くアパートに移りたいという相談が多数寄せられています。

路上生活者のなかには知的障害や発達障害、精神疾患などの障害や病気を抱えている人もかなりの割合で存在しています。東京・池袋でホームレス支援を続けている精神科医の森川すいめい医師らによる調査では、路上生活者の約三割が知的にハンディキャップがあり、四割〜六割が何らかの精神疾患を抱えていることが明らかになりました。これらの障害や疾病を持つ人のなかには、集団生活が苦手な人や聴覚などの感覚が過敏な人も多いため、相部屋の施設になじめずに路上に戻ってしまう人が少なくありません。

また、トランスジェンダーの人が住まいを失い、生活保護を利用する際にも、福祉事務所から男性専用または女性専用の相部屋の施設に入所することを事実上、強要される、という問題も発生しており、そのことがトランスジェンダーの人々の制度の利用を遠ざける要因となっています。

川崎の火事ではドヤの居住環境や防火体制が問題になりましたが、皮肉なことに貧困ビジネスの宿泊所と比べると、個室で、食費を徴収されないドヤの方が当事者にとってはまだ「マシ」という現状があります。

いずれにしても、これらの場所は一時的な待機場所ですから、高齢者や病気、障害を持った人が長期に滞在することを想定していません。そうしたサポートのない場所に長期にわたり滞留させること自体が問題だと言えます。

劣悪な住宅・施設への長期滞留の要因

では、なぜそうした場所に単身の高齢者が多数、滞留してアパートに移れないでいるのでしょうか。この問題については、「送り出し側」と「受け入れ側」それぞれの問題があります。

まず、「送り出し側」の問題としては、福祉事務所がアパート入居に必要な一時金の支給を認めず、なかなかアパートに移さないという問題があります。福祉事務所の職員が現場で用いる「生活保護手帳」によると、身のまわりを清潔に保てるか、金銭管理ができるか等の項目をクリアできれば、本来はアパート入居の一時金を支給することになっています。しかし、この判断は福祉事務所の裁量の余地がかなり大きく、場合によっては同じ福祉事務所でもケースワーカーによって対応がわかれてしまうという現状があります。

一時金をなかなか支給しない要因の一つに、福祉事務所の職員が住まいのない方に対して偏見を持っているという問題があります。確かに、私たちが連帯保証人を引き受けてアパートに入居した人のなかにも、家賃を滞納するなどのトラブルを起こす方も存在します。

しかし、それは全体の五％程度しかありません。そうしたトラブルを起こしてしまう人の背景には、たとえばアルコールやギャンブルの依存症の問題などがあります。その人たちに必要なのは、施設やドヤでの生活を長引かせることではなく、地域での居宅生活を支えるサポート体制です。たとえば、依存症の自助グループにつないでいくとか、精神科の訪問看護を入れるとか、金銭管理ができないのであれば、そのためのサービスを入れるとか、そういう仕組みを作っていくことが求められているのであり、あくまで地域生活を前提にして、その人たちの暮らしを支えていく必要があると思います。

一方、「受け入れ側」の問題もあります。それは民間の賃貸住宅市場で単身の高齢者がなかなかアパートに入れない、入居差別を受けるということです。本来は、低所得者向けの住宅としては公営住宅などの公的な住宅があるはずですが、日本の場合はその割合が非常に少なく、公的な性格を持った住宅を全部合わせても全体の六％くらいにしかなりません。特に東京では単身者向けの都営住宅の倍率は五〇～六〇倍になっており、住まいの選択肢になりえません。そのため仕方なく民間のアパートを探すわけですが、日本には民間の賃貸住宅の入居差別を禁止する法律が存在しないため、残念ながら日本の不動産業界は「差別の見本市」のような状況になっています。

日本賃貸住宅管理協会が二〇一五年に実施したアンケート調査によると、民間の賃貸住宅の家主の八・七%が単身の高齢者の入居を「拒否している」と回答しています。「拒否している」と明言しないまでも、高齢者世帯に対して「拒否感がある」と回答した家主の割合は七〇・二%にものぼっています。入居差別の対象は高齢者だけでなく、障害者のいる世帯に対する拒否感を表明した家主も七四・二%、小さい子どものいる世帯に対しても一六・一%にのぼりました。

こうした状況を逆手に取って、不動産店のなかには「生活保護歓迎」という看板を出しているところもありますが、そうした店が本当に良心的な業者なのかという点には注意が必要です。そうした「福祉可物件」(生活保護利用者でも入居可能な物件)を専門に扱う不動産業者のなかには、生活保護利用者、特に単身の高齢者向けに劣悪な物件を紹介しているところもあるからです。老朽化していて、誰も借り手がなく、もう取り壊すしかないようなアパートであったとしても、「福祉可物件」として紹介すれば、生活保護の住宅扶助費の上限(東京では五三七〇〇円)の家賃で貸し出すことができるのですから、家主にとってても仲介業者にとってもかなり美味しい商売ということになります。何軒、不動産店をまわっても入居差別に遭い、「入れてくれるだけでありがたい」という感覚になってしまっている単身高齢者の足元につけこむようなビジネスだと思います。

こうした「福祉可物件」が問題になったのは、二〇一一年十一月に発生した新宿区大久保でのアパート火災です。この物件は、ほとんどドヤと変わらないような構造になっていて、私たちは「ドヤ型アパート」と呼んでいますが、一般の方からは見向きもされないようなところでした。ここで火災が起こり、五名の入居者が亡くなったのですが、ここに入居していた人のほとんどが高齢の生活保護利用者でした。入居差別の結果、劣悪な物件に入らざるを得ないのです。

同様の問題は住宅だけでなく、高齢者向け施設でもあります。二〇〇九年三月には群馬県渋川市の無届け老人ホーム「静養ホームたまゆら」で火災が発生しました。ここの管理体制は杜撰《ずさん》で、火災があったときの宿直の職員は一人だけでした。入所者には認知症の人も多いので、全員をケアすることはできません。そのため、部屋に外から南京錠《なんきんじょう》をかけて詰め込んでいて、火災が発生しても外に逃げ出すことができませんでした。このときの火災で一〇名の高齢者が亡くなったのですが、一〇名中七名が群馬県ではなく、東京都内で生活保護を受けている人でした。その背景には、首都圏に受け入れてくれる福祉施設がないために遠隔地に送らざるを得ないという問題があります。ここでも「他に選択肢がないから」という理由により、劣悪な場所に暮らさざるを得ない、という問題があるのです。

国による対策の現状

こうした高齢者の住まいの貧困に対して、国もまったく問題意識を持っていないというわけではありません。住宅政策を所管する国土交通省は「安心居住政策研究会」という研究会で、高齢者、障害者、子育て世帯などの「住宅確保要配慮者」が住宅を確保できるための施策を検討してきましたが、この研究会は二〇一六年四月に「居住支援協議会の取り組みを強化する」という内容のとりまとめをおこないました。

居住支援協議会とは、それぞれの自治体の住宅課と不動産関連団体、民間で居住支援を行なっている団体の三者で構成され、地域の特性に合わせて住宅確保要配慮者がアパートにスムーズに入れるような支援をするための協議体で、国交省は居住支援協議会を設置した自治体に年間一〇〇〇万円の補助金を出しています。

ただ、実際には居住支援協議会の設置はあまり進んでおらず、東京二三区でもまだいくつかの区に限られています。すでに設置された地域でも、話し合いはしているのですが、具体的な支援策までは着手できていない、というところもたくさんあり、その効果には疑問があります。

他方で、生活保護の住宅扶助基準は二〇一五年七月から下がっており、東京では単身世帯の基準は変わらなかったものの、二人世帯についてはこれまで六万九八〇〇円だったのが六万四〇〇〇円に下がりました。地域によっても差はありますが、埼玉県の二級地と言われる地域ではほとんどすべての世帯が引き下げの対象になりました。住宅扶助基準が下がれば、住宅の選択肢がますます狭まるので、引き下げは居宅への移行を目指す国の政策と矛盾しています。

さらに根本的な問題として言えるのは、低所得者向けの住宅政策がなかなか動かない要因として、建物に関しては国土交通省、そして人への支援に関しては厚生労働省が行なうという行政の縦割りの問題があります。川崎のドヤ火災が起こったときも、まずは国土交通省が建築基準法に照らして是正指導をしたのですが、もう一方の当事者である厚生労働省との連携はまったくとられていませんでした。

住まいの貧困を解決していくためには、この縦割りを打破して、「居住福祉政策」として住まいに困っている人への政策を一本化していく必要があります。特に単身高齢者の居住の問題は、今後さらに深刻化していくのは必至なので、今から対策を考えなければなりません。

ワーキングプアであるがゆえにハウジングプアになる

ここまで高齢者の住宅問題を中心にお話ししましたが、同時に若い人たちの状況も深刻になっています。若者の住まいの問題が注目されたのは、二〇〇〇年代に入って「ネットカフェ難民」問題が社会問題化してからです。

ＮＰＯ法人もやいに初めて、ネットカフェに暮らしている若者からメールで相談が来たのは二〇〇三年の秋のことでした。その背景には、二〇〇〇年頃から若年層を中心に非正規雇用が広がっていったことがあります。

図１のイラストは非正規のワーキングプアが住まいも不安定になっていく状況を示したものです。

「仕事」と「住まい」は人々の「暮らし」を支える二本の大きな柱ですが、不安定な非正規労働の広がりは、仕事をしても生活を支えきれない状況を生み出しました。

特に登録型派遣に象徴される細切れ雇用は、収入の不安定化を招きます。「ある月には一五万円稼げたけど、翌月には五万円しか収入がない」というような状況になると、アパートの家賃も滞りがちになり、最終的には住まいを失ってしまうことになります。

そこに拍車をかけるのが「追い出し屋」の存在です。本来、アパートの賃借人には居住権があるので、家賃を少し滞納しただけで追い出すことは借地借家法違反になります。

しかし、近年、家賃保証会社や管理会社、大家などが部屋をロックアウトするなどして、一方的に賃借人を追い出す「追い出し屋」の被害が多発しています。

アパートを追い出された人はネットカフェなどの不安定な居住環境に移らざるをえませ

図1｜「ワーキングプアとハウジングプア」　©さいきまこ

ん。アパートを退去したことが役所にわかると、住民票が消除されてしまいます。そうすると、安定した仕事に移ろうとしても、「住所がない・住民票がない」ということが求職活動の大きなネックになります。こうなると、貧困の悪循環に陥ってしまいます。

ネットカフェはアパートの家賃よりも宿泊代がかかります。また、自炊もできず、昼間に荷物をコインロッカーなどに入れておく経費もかかるため、生活費のやりくりはますます苦しくなります。

こうして、ネットカフェ生活も困難になると、二四時間営業のファストフード店などに移り、さらに困窮すると、最終的に路上生活になってしまいます。

ただ、こうした不安定な居所はネットカフェばかりではありません。

二〇〇七年に「ネットカフェ難民」という言葉が流行語になったため、ネットカフェのみが注目されてしまいましたが、実際にはこうした不安定な居所はサウナ、カプセルホテル、ドヤ、個室ビデオ店などさまざまあります。

また、行政は路上生活者と「ネットカフェ難民」を分けた上で別々の対策を行なっていますが、この二者を分ける意味もあまりありません。住まいに困窮している人がネットカフェに泊まるか、屋外で寝るかは、「その日のフトコロ具合」によって左右されているだけだからです。

そのため、私は「ハウジングプア」という言葉を使うことで、住まいの貧困の全体像を見ていく必要がある、と訴えています。「ハウジングプア」は「貧困であるがゆえに居住権が侵害されやすい状態」と定義しています。

ネットカフェから脱法ハウスへ

東京都では、二〇一〇年にネットカフェ規制条例ができました。これはあまり知られていないのですけれど、イギリス人の女性が日本人の男性に殺害されるという事件で、犯人がネットカフェに潜伏していたという報道が一時期流れました。そこで、防犯対策のためにネットカフェ入店時に本人確認の書類の提示を義務づけるという条例が東京都議会で通ってしまいました。しかし、ネットカフェにいる人は住民票を消除されており、身分証をも持っていないことも多いため、「ネットカフェ難民」がネットカフェにすら入店できなくなってしまうという状況が生まれてしまいました。

二〇一〇年頃から、こうした人々をターゲットにした新たな貧困ビジネスとして、二〜三畳の窓のない極端に狭い部屋を貸し出す業者が増えてきました。こうした部屋は「コンビニハウス」「押し入れハウス」などと呼ばれていましたが、二〇一三年、毎日新聞が「脱法ハウス」という言葉で報道すると、この用語で知られるようになりました。

こうした物件の多くは名目上、「レンタルオフィス」や「貸し倉庫」という名目で人を集めて住まわせています。「ここは住居ではない」と言い逃れることで、建築基準法や消防法が住宅に対して求めている規制をすり抜けようとしているため、「脱法ハウス」と呼ばれています。

「脱法ハウス」問題は国会でも取り上げられ、明らかに違法であるとして、二〇一三年から規制が始まり、一部の「脱法ハウス」は閉鎖に追い込まれました。しかし、物件を規制するだけでは、入居者は他の場所に移ってしまうだけになります。実際、規制によってネットカフェに戻った人や、似たような物件に移っただけという人もたくさんいました。

若者の七人に一人が「ホームレス」を経験

このように、ハウジングプア状態にある人々は、そのときどきの社会的経済的状況によって、「その日の晩の寝床」を変えながら生活をしています。このように都市で漂流しながら暮らしている人の実態を把握するのは非常に困難です。

私は行政が「ハウジングプア」の全体像を把握するための総合的な調査を実施すること

を求めてきたのですが、残念ながら今まで実現されていません。

そのため、民間の側で「ハウジングプア」の状況を調べるためにさまざまな取り組みを行なっているのですが、その一つが二〇一四年に実施した「若者の住宅問題」に関するインターネット調査です（認定NPO法人ビッグイシュー基金「若者の住宅問題——住宅政策提案書［調査編］」二〇一四年 http://www.bigissue.or.jp/pdf/teiannsyo2.pdf）。

住まいが不安定な人たちに直接、アプローチするのは非常に難しいので、低所得の若者たちの住宅状況を調べて、そこからハウジングプアの問題をあぶり出そうという趣旨で、二〇一四年八月に実施されました。首都圏と関西圏に住む二〇代、三〇代の未婚で年収が二〇〇万未満（ただし学生は除く）という人を対象に調査し、一七六七名の方に回答をしていただいています。

この若者たちにどこに暮らしているか聞いてみると、実に七七・四％の人が親と同居していると回答しました。さまざまな項目と合わせて見てみると、多くの場合、経済的な理由によって親元から離れられなくなっていることがわかってきました。現在同居している人のうち、親とずっと暮らしている人は八二％で、約二割はいったん親元を離れて住まいを構えています。いったん親元を離れて戻ってきた人の割合は上の世代になるほど高くなっています。

この調査によって、住まいが不安定な人たちの状況も垣間見えるようになりました。一番ショッキングだったのは、「ホームレス経験」に関する質問です。ネットカフェ生活や友人宅での居候も含めて、定まった住居を喪失した経験があるかどうかを聞いているのですが、全体では六・六%の人が経験ありと答えています。特に、親と別居している若者に限って言うと、一三・五%、実に七人に一人がホームレス経験をしていることがわかりました。

これらを合わせて考えてみると、二〇代、三〇代の低所得の若者たちにとって、親元を離れて自分で住まいを確保することが、そのままホームレス化するリスクを抱え込んでしまうということを意味していると言えます。そのため、親元にいられる人はなるべくそこにいようとし、それによってホームレス化するリスクを回避しようとしているのでしょう。

ハウジングプアへ向かう社会構造

今まで見てきたように、現代の日本社会では、高齢者も若者も住まいの不安定化という問題に直面していると言うことができます。この状況を漫画家のさいきまこさんにお願いして描いていただいたのが図2のイラストです。

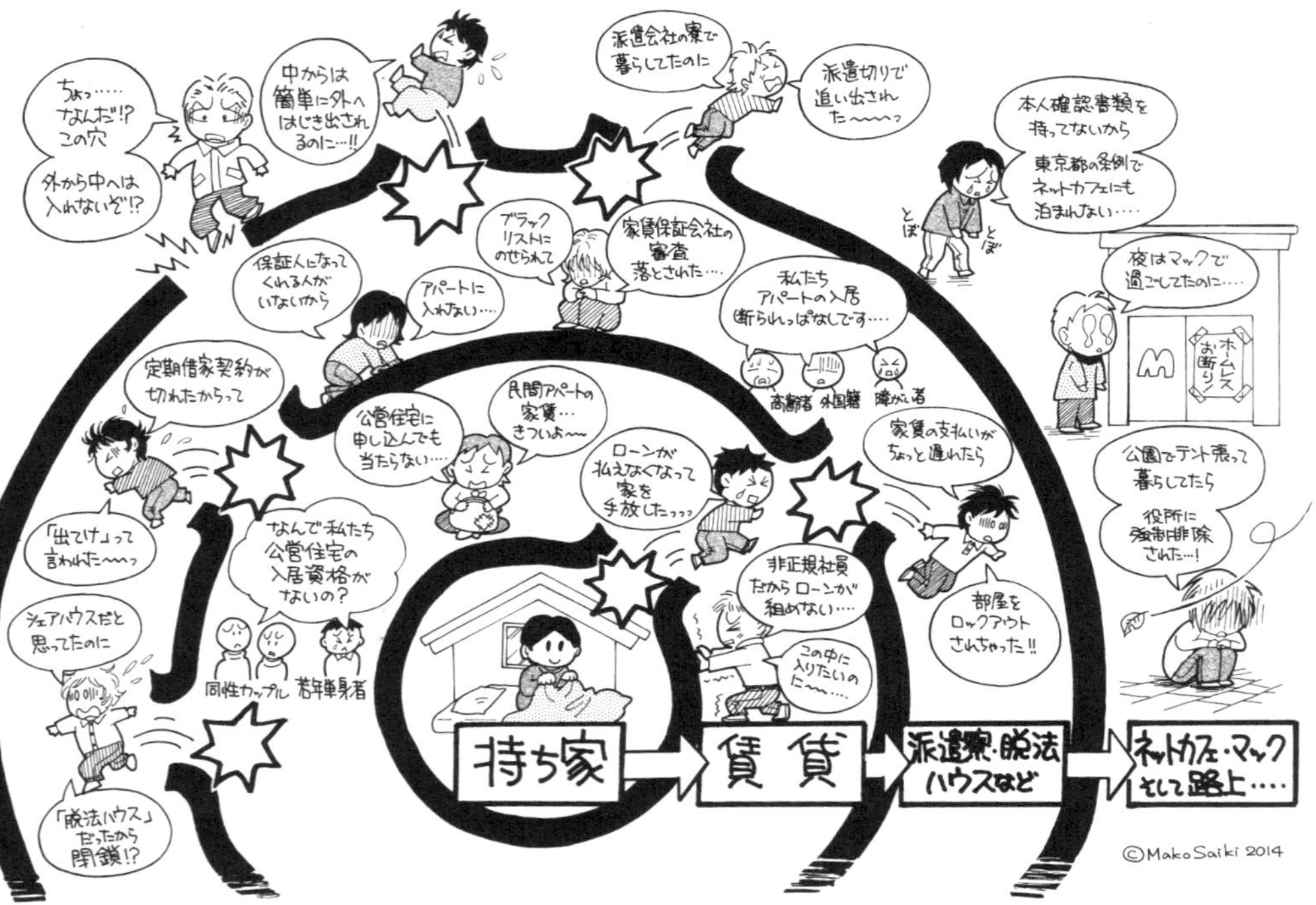

図２｜「不安定化する住まい」　©さいきまこ

住まいをめぐる状況は、このような同心円の構造になっています。このなかで比較的安定しているのは、真ん中の持ち家がある人です。その外側の層にいるのが賃貸住宅を自分で借りている人です。さらにその外側に派遣会社の寮や「脱法ハウス」など、とりあえず部屋はあるけれども、いつ追い出されてもおかしくない状況の人がいて、さらに外側にネットカフェや二四時間営業のファストフード店等に寝泊りしている人、そして最も外側の層に路上生活の人がいます。

この同心円のなかで、どのレベルでも「内側から外側には簡単にはじき飛ばされてしまう一方で、外側から内側へ入ることは難しい」という状況が生じています。

たとえば、非正規雇用の労働者の多くは収入が不安定なため、住宅ローンを組むのが難しく、「持ち家」の取得が困難になっています。賃貸住宅に入居している人の場合、本来、借地借家法に基づく居住権があるので、一、二ヶ月、家賃を滞納しただけで追い出されることはないはずですが、近年は法律を無視して強制的に追い出す業者が増えています。家賃を滞納した人は家賃保証会社の業界が作っているブラックリストに載せられてしまい、次にアパートに入居しようとしても、家賃保証会社を利用する際の審査で落とされ、入居が難しくなってしまいます。

都市部の公営住宅はどこも抽選倍率が高く、しかも単身の若者には入居資格すらないという状況があります。民間の賃貸住宅市場では高齢者、障害者などが入居差別に遭ったり、収入に見合った低家賃の住宅がないという問題があります。

その外側では、ネットカフェに暮らしていたけれども東京都の条例で泊まれなくなったとか、仕方なくマクドナルドに泊まっていたら、「ホームレスお断り」という貼り紙を店内に貼られて、出ざるを得なくなったりします。これは八王子市のマクドナルドで実際にあった出来事で、批判を受けて貼り紙は撤去されました。

二四時間営業のお店にもいられなくなった人は、路上生活をするしかなくなるのですが、近年、東京では二〇二〇年のオリンピックに向けて各公園で路上生活者が排除されるという事態が進行しています。

このように、いろんなレベルがあるものの、それぞれの段階において、内側から外側へと住まいを不安定化させる「遠心力」が働いています。ホームレスの人が公園から排除される、という話は、私たちから縁遠い世界の話に聞こえるかもしれませんが、実はそうではなく、私たちが住宅ローンや家賃が高いとぼやいているのと同じ構造のなかで起こっている、ひと繋がりの問題である、ということを知っていただければと思います。

住宅政策の転換を

欧米では住宅政策、特に若者向けの住宅政策が家族政策として位置づけられており、人が家族を形成して次の世代にバトンタッチする社会のサイクルを作るために、若いうちに住宅を供給して自立を促すという施策が行われています。ただそのような視点が日本にはないため、若者たちが親元から出られないという状況が生まれています。

その意味で、住宅政策の転換は日本社会の持続性を確保するためにも必要だと言えます。具体的には行政の縦割りを打破し、家賃補助、借上げ型公営住宅、公的保証制度を実現していくことなどが考えられますが、それ以前に基本的な発想を転換するということが一番重要です。

神戸大学教授の平山洋介さんは、日本の住宅政策の特徴として保守主義、経済主義、新自由主義の三つの主義があると述べています。保守主義というのは、家族と企業というグループへの所属を重視しているということです。戦後の日本社会では行政の代わりに住宅を担ってきたのは企業や家族であり、そのため企業や家族に属していない、そこから外れる人たちはその恩恵を受けることができてきませんでした。

経済主義とは、歴代の政権が景気が悪くなるたびに、住宅ローン減税や補助金を出して、新規の住宅着工件数を増やすことで景気全体を底上げしていることを指しています。つまり、暮らす側、住む側の住宅政策ではなく、建てる側の住宅政策になってしまっているわけです。

戦後の日本の住宅政策は、もともとこの二つの主義を軸に進められてきたのですが、九〇年代以降、新自由主義の影響を受けた政府が公的な住宅政策を縮小し、市場主義を進めるという動きが出てきています。

私は、この三つの主義は住宅政策に限らず、戦後のさまざまな政治・政策にも表れていると思っています。

社会政策が規定する生き方と貧困

このような住宅政策と、私が「男の人生すごろく」と呼んでいる標準的なライフコースは切り離せない関係にあります。

戦後の日本社会で「標準」とされてきた生き方を住宅という軸から見てみましょう。まずは学校を出て企業に入ると、社宅があったり、企業による住宅手当など企業福祉の恩恵を受けることによって、若いうちは家賃負担をある程度低く抑えられることができます。

結婚をして、住宅ローンを組むと、三五〜四〇年間、ローンの返済に追われるのですが、かつては終身雇用と年功序列を特徴とする日本型雇用があったので、その枠内にいる限りは返済に困ることはありませんでした。そして、住宅ローンを払い終えた頃に定年退職して、ローンを払い終えた持ち家で年金生活を送るという見通しを持つことができたわけです。

このように、戦後の日本社会では、住宅政策、雇用政策、家族政策が三位一体となって行なわれてきました。そうした政策によって人々の生き方が規定されてきたわけです。

ただこのライフコースは、フェミニストたちが批判してきたように、正社員の男性を中心として、専業またはパート労働をする妻がいて、子どもがいるという「男性稼ぎ主中心モデル」を前提としたものでした。その結果、そのモデルから排除される人々には、政策の恩恵が行き届かない社会になっていました。

妻の労働には「一〇三万円の壁」(配偶者控除)、「一三〇万円の壁」(社会保険料負担)があり、パートは家計補助的な労働とされたので、正規と非正規の賃金格差が問題になることはありませんでした。

また、出生制度は結婚を前提としているので、結婚制度の外で生まれた婚外子に対して相続の面などで差別がありました。婚外子差別をなくすための民法の改正は、二〇一三年に最高裁で違憲判決が出るまで待たなければなりませんでした。

標準的な家族モデルこそが「普通」であるとされ、政策的に優遇される社会では、そこから「外れている」とされる人たち、具体的には、ひとり親家庭、単身者、同性カップルなどが貧困に陥りやすくなります。

近年、「子どもの貧困」が大きな社会問題となる中、母子家庭の貧困率の高さに注目が集まるようになりましたが、母子家庭の貧困率は長年ずっと五割を超える高率を維持してきました。

単身女性の貧困率も二〇歳〜六四歳で三人に一人にのぼり、深刻な状態にあります。女性の場合、住まいを失っても路上生活をすることは男性以上に危険なため、ネットカフェや「脱法ハウス」で暮らしている人が多いと見られます。

また、貧困率は世帯単位で統計が取られているため、女性が男性と一緒に暮らしていて、男性に収入があれば貧困でないことになりますが、その世帯内で収入が配分されているのかは外から見た統計ではわかりません。そのため、DVの問題を含めて、女性の貧困や女性の抱える困難がなかなか可視化されないという構造もあります。

私は、社会や政治が、ある特定の生き方を標準的だと決めてしまうのではなく、それぞれの個人が自分の生き方や家族のあり方、働き方など、人生のありようを自ら選べる社会こそが自由で豊かな社会であると考えます。その前提となるのは、「ベーシックニーズ」の低コスト化であり、可能な限りの無償化です。つまり、住宅費、食費、医療費、教育費、保育費など、人がどんなに慎ましやかに生活しようとも、最低限かかる出資を低コスト化していく、そこに社会資源を投入していくことが必要だと考えます。

私が最も重視しているのは、家計のなかで一番大きな割合を占める住宅費の負担です。二〇一四年の全国消費実態調査では、民間賃貸住宅に暮らす単身世帯では、家計の支出のうち三割近い二九・一%を家賃負担が占める、という状況になっています。この負担を減らすための政策が今、求められています。

参考文献

稲葉剛『ハウジングプア』山吹書店・JRC、二〇〇九年
平山洋介『住宅政策のどこが問題か』光文社新書、二〇一四年
飯島裕子・ビッグイシュー基金『ルポ若者ホームレス』ちくま新書、二〇一一年
日本住宅会議・編『若者たちに「住まい」を!――格差社会の住宅問題』岩波ブックレット、二〇〇八年
山田壮志郎『無料低額宿泊所の研究』明石書店、二〇一六年

第5章 自立支援を問う

生活困窮者自立支援法とは

この章のテーマは「自立支援」です。少し難しくなりますが、制度的な問題や、社会保障の領域における「自立」とは何かという理念をめぐる問題をお話できればと思います。

二〇一五年四月、生活困窮者自立支援法が施行されました。この法律は二〇一三年一二月に生活保護法改正とセットで国会を通過したものです。この法律をめぐっては、全国の生活困窮者支援団体の間でさまざまな議論がありました。生活保護法の改正については、反対では一致していたのですが、新法については積極的に評価するべきではないかという意見もありました。NPO法人もやいでは、話し合った結果、問題点が多すぎるということで、法案への反対声明を出しています。

まず、生活困窮者自立支援制度の趣旨は、生活保護の手前の段階で生活困窮者を支援するということです。したがって、対象者は生活保護受給者ではなくて、生活に困窮するおそれのある人と法律に明記されています。厚労省は、対象をあえて曖昧にしたと、各自治体の関係者を集めた説明会の席上で説明しています。生活に困窮するおそれがある人は、その地域の経済状況などによってさまざまな違いがあるので、あえて対象者を絞り込まずに曖昧な定義にして、地域ごとに柔軟な対応ができるようにしたということです。

この法律によって、各自治体に新たな相談窓口ができることになりました。「自立相談支援事業」と呼ばれる窓口で、自治体直営でやっているところもあれば、民間に委託しているところもあります。厚生労働省は各自治体に対して、この窓口を軸に全庁的な情報共有と相談支援の体制を作ることを要請しています。

近年、生活に困窮している人が孤立死をしたり、心中などの事件を起こしてしまう事例が増えています。そのたびに、自治体内での縦割りの壁に阻まれて、情報の共有が充分になされていなかったことが批判されてきました。

たとえば、生活に困窮された人が、最初から生活保護の相談に行くのではなく、まずは国民健康保険料が払えないと、国保の窓口に行く場合があります。その際、国保の窓口である程度、生活困窮の状況について聞き取りをしているはずですが、その情報が福祉事務所と共有されるとは限りません。

また、税金や水道代の滞納の場合も同様です。電気・ガス・水道のなかで、水道は行政が運営しており、ライフラインのなかでも最後に止められます。しかし、同じ自治体の内部であるにもかかわらず、長期の水道料金滞納が続いている状況が福祉事務所に共有されていない、という問題もあります。

住宅行政と福祉行政の縦割りの問題もあります。二〇一四年九月に、千葉県銚子市で、県営住宅に暮らしている母子家庭が長期間家賃を滞納して最終的に強制立ち退きになってしまい、強制執行がおこなわれる当日に、無理心中を図ろうとして母親が中学生の娘を殺してしまう、という事件が起きました。このとき、県営住宅を運営する千葉県は、当然、家賃滞納を把握しており、外部の事業者に委託をして督促を繰り返していました。

本来、公営住宅には低所得者向けに家賃の減免制度があり、この母子家庭も対象であったはずなのですが、県の周知が不充分であったため、この母親は家賃減免制度について知らされていませんでした。家賃が減額されていれば、強制執行にまでは至らなかったはずです。

また、生活保護を使える可能性も高かったわけですが、県営住宅を管轄する千葉県と福祉事務所のある銚子市の間で、この世帯の困窮状態に関する情報が共有されることもありませんでした。

このように、本来ならば生活保護やさまざまな社会保障制度に繋がるべき人が、繋がらないまま放置されている、という問題が近年、表面化してきています。そのため、今回、新たに設置された生活困窮者支援の相談窓口が中心となって行政の各部局がネットワークを組めば、地域内にいる生活困窮者を早期に発見し、早期に支援を始めることができるようになる、と厚労省は言っています。

生活困窮者自立支援事業は、生活保護の手前のセーフティネットと言われますが、新たな相談窓口がきちんと機能すれば、私はむしろ生活保護の捕捉率は上がると思っています。なぜなら、この制度には相談機能はありますが、相談から繋げるべき支援メニューが非常に少ないので、結果的に生活保護に繋ぐケースが一番多くなると考えられるからです。ただ、逆に「後ろの支援メニューが乏しいので、支援メニューに合った人しか、最初からピックアップしない」という運用がなされる可能性もあります。そのような運用がなされた場合には、ほとんど意味をなさない事業になるでしょう。

自立相談支援事業の後ろには六つのメニューがあります。①住居確保給付金という一時的な家賃補助の制度、②長期間仕事に就いていなかった人が生活リズムを整えるなどの就労準備支援、③すぐには一般就労に就くことが困難な人への就労訓練（中間的就労）、④住まいがない人を対象とした一時的な宿泊支援、⑤債務問題などを抱えている人に対する家計相談支援、⑥子どもの学習支援の六つで、⑥だけは生活保護世帯も含められています。

これらの支援メニューのうち、必須事業は住居確保給付金のみです。他の支援メニューは任意事業ですから、自治体によってはやっていないところもあります。二〇一五年度の東京二三区での実施状況としては、家計相談支援が五八%、子どもの学習支援は七二%で、おそらく他の地域に比べても任意事業の実施率が高い方だと思います（NPO法人自立生活サポートセンター・もやい調べ）。それでも三、四割は実施していないわけですが、事業の経費には自治体の持ち出し分もあるので、それを嫌がって実施していない自治体もあるようです。

「沖合作戦」の懸念

以上が生活困窮者自立支援制度の概略になりますが、懸念すべき点としてまず挙げられるのは、自立相談支援事業がきちんと生活保護に繋げるべき人を福祉事務所に繋げるかどうか、という点です。

これまでも、生活保護の窓口では「水際作戦」が問題となっていました。本来は生活保護を適用すべき人に対して、「まだ若いから働ける」「住まいがないからダメ」などと制度に関する嘘の説明をして追い返す、場合によっては非常に差別的な言動をして追い返すということがこれまでも問題視されてきました。それが今後は、福祉事務所より手前の生活困窮者支援の窓口で追い返す「沖合作戦」になりかねないという批判が法律家らから出ています。「水際」（福祉事務所の窓口）よりもさらに手前の段階で追い返すので、「沖合」というわけですね。

特に民間団体が行政から委託を受けて窓口を運営している場合には、行政に対してものを言いにくいという傾向があります。本来は生活保護に繋げるべき人だと思ったとしても、福祉事務所から、うちに連れて来ないでくれと陰で圧力をかけられてしまう。今までも、ホームレス支援の窓口でも同様のことがありました。そうすると、生活困窮者支援の窓口の方が萎縮してしまって、本来生活保護に繋げるべき人であっても生活保護制度から遠ざけるということが起こりかねません。

生活困窮者自立支援法が施行される前の段階のモデル事業として、奈良市は二〇一三年九月に「なら福祉・就労支援センター」を開設しました。その際、奈良市長は記者会見で「安易に生活保護を受給する方を水際で止める」と露骨に生活保護の抑制が狙いであるということを明言しています。具体的には「扶助の考えに基づき生活保護制度は意味がある。

（一方）安易に保護を受給する方を水際で止めることが、本当に必要な人のために制度を維持するには欠かせない」と言ったわけです。

他地域では、ここまで露骨に言わないにしても、自治体のなかには生活保護の利用者を減らす狙いでこの新制度を悪用しようという動きが出てくるのではないかと懸念していますそういう意味では今後もきちんとチェックしていく必要があると思っています。

住居確保給付金の問題点

さらに、この制度は就労支援に偏ったものとなっていて、支援メニューも非常に貧弱です。制度全体として、当事者に対する金銭給付をおこなわずに、支援団体にお金をつけるという考え方に基づいて設計されていると思われます。そのなかで唯一、当事者に現金給付を行なう事業として住居確保給付金があります。

この住居確保給付金は、もともと「住宅手当」という制度でした。二〇〇八年から二〇〇九年にかけてリーマンショックを契機とした派遣切りの問題があり、日比谷公園では年越し派遣村がおこなわれましたが、住宅手当はその頃、麻生政権の末期に構想された仕組みです。「派遣切りによって大量の労働者が仕事と同時に住まいを失ったから、住宅を支援する制度が必要だ」という声に答える形で住宅手当は二〇〇九年一〇月に創設されました。

この制度ができた当初は私たちも非常に期待しました。それまで日本の住宅政策のなかで、民間の賃貸住宅に暮らしている人たちを支援する制度がほとんどなかったからです。民間の賃貸住宅入居者の家賃を補助する制度は、国レベルでは、唯一、生活保護だけです。生活保護の中の住宅扶助という仕組みで家賃が支給されるのですが、生活保護は生活扶助、住宅扶助、医療扶助などを含めた全体がパッケージですから、基本的にその全部を受けるか、受けないかという選択肢しかありません。また、受けたいと思っても、日本の生活保護制度は資産要件が厳しいために、低所得であっても利用できないケースは多々あります。したがって、民間の賃貸住宅に暮らしている人たちのほとんどは、公的な住宅政策の対象から外されてきた歴史がありました。

しかし、派遣切りでたくさんの労働者が路頭に迷う状況を受けて、政府としても動かざるを得なくなり、生活保護の手前のセーフティネットとして、住宅手当制度が導入されました。民間の賃貸住宅の家賃分だけを補助する制度です。その基準額は生活保護と同じで、都内単身であれば月五万三七〇〇円です。ただし、支給期間が当初は原則六ヶ月（最大一二ヶ月まで延長）と決まっており、ハローワークに通って就職活動を行なうことが義務になっています。

日本で初めて、生活保護以外で民間の賃貸住宅に暮らしている人の家賃を補助する制度ができたということで、私たちはこの制度を恒久化させ、内容的にも拡充させたいと考えました。先進諸国の住宅政策においては、公営住宅だけでなく、民間の賃貸住宅に暮らしている人の家賃負担を減らすための家賃補助制度が必ずあるのですが、日本では一部の自治体を除いて、全国的な制度としてはありません。ですから、この住宅手当制度を何とか拡充させて恒久的な家賃補助制度に発展させたいと考え、われわれも運動を展開してきました。民主党政権時には申し入れを行なったり、厚労省と交渉したりしてきたのですが、その後は残念ながら、むしろ縮小へと向かっています。二〇一三年度からは住宅支援給付という名前に変わり、支給期間が六ヶ月から三ヶ月（最大九ヶ月まで延長）に短縮されてしまいました。

しかも、この制度は対象者が非常に限定されているという問題もあります。もともと「派遣切り」問題のインパクトを受けて、制度ができたという経緯もあり、対象が離職者のみに限られており、現在、働いている人は使えないという欠点があります。

そのため、この制度の効果は非常に限定されてしまいました。たとえば、二〇一三年に脱法ハウス問題がありましたが、そこで暮らしている人たちの多くは働いている人でした。私たちも脱法ハウスに暮らしている人の生活状況についてインタビューをしましたが、皆さん、家賃を払うためにも仕事をしているわけです。ただ、ほとんどがワーキングプアで、収入は生活保護基準よりも少し多いくらい、月一四～一五万程度の方が多かったわけです。

この年、千代田区神田にある「マンボー」という会社の脱法ハウスが閉鎖になって居住者の立ち退き問題が生じた際、私たちは千代田区の福祉事務所に対して、追い出される人たちへの支援をするよう要望しました。そのとき、千代田区は住宅支援給付で対応すると言っていたのですが、結果的にその脱法ハウスを出ざるを得なかった人たちで、住宅支援給付を使えた人は一人もいませんでした。皆さん、働いていたからです。

もう一つ、この制度の問題点として言えることとして、月々の家賃は支給されてもアパートの初期費用は支給対象外だという点があります。大都市では敷金・礼金、不動産手数料などのアパートの初期費用は高額ですから、自分で貯めるのは非常に困難です。そのため、ネットカフェ等に暮らしている方が多くいるわけですが、住宅手当では肝心の初期費用については給付してくれません。

制度を設計する際、アパートの初期費用も住宅手当に組み込もうという方向で厚労省は考えていたようですが、財務省から横やりが入って実現しませんでした。その結果、初期費用は社会福祉協議会からの貸付という扱いになりました。

この種の貸付制度の常なのですが、制度が発足した当初は気前よく貸し付けるのですが、次第に審査が厳しくなるという問題があります。この住宅手当制度も、制度ができたばかりの二〇〇九年から二〇一〇年にかけては路上生活者もどんどんこの制度を使えました。一部の福祉事務所は、生活保護利用者を増やしたくないので、明らかに住宅手当制度に誘導していました。本来、生活保護の対象となるべきホームレスの人たちが、社協からアパートの初期費用として最大四〇万円まで貸付を受けて、さらに生活費も社協から貸付される仕組みになっていましたから、借入金がどんどん膨らんでしまいました。最終的にハローワークに通っても仕事が見つからなかった人は、生活保護を利用するしかないのですが、その時点で多額の借金を抱えている人も少なくありませんでした。

このように、最初はどんどん初期費用を貸し付けていましたが、徐々に焦げ付いていき、その後は逆に審査が厳しくなっていきました。その結果、非常に利用しづらい制度になっていったのです。

月ごとの住宅支援給付の利用件数を見ると、二〇〇九年は三〇〇〇件程度、二〇一〇年にも三〇〇〇件以上ありました。ところが、二〇一一年に約二〇〇〇件、二〇一三年だと一〇〇〇件を切って月九〇〇件ほどしか全国で使われていません。利用件数は生活保護に比べると圧倒的に少なく、第二のセーフティネットと言えるほどの規模ではありません。

しかし、他方で利用者の再就職率は上がっています。当初は四〇%から五〇%でしたが、二〇一三年度では七五％まで上昇しています。これはなぜでしょうか。

ある自治体でこの事業を受託している民間団体の担当者にお話をうかがったところ、受託団体は就職率で実績を求められるため、就職率を上げるための操作をしていると言っていました。就職率を上げる最も手っ取り早い方法は、最初から人を選別して就職できそうな人だけ制度を利用してもらい、そうでない人はお断りするという方法です。たとえば、過去に生活保護を利用した、ホームレス自立支援センターに入っていたなど、過去に公的な支援制度を使っていて、それでも現在困窮している方は、将来的にも就職できる見込みが少ないとみなされ、事実上、制度から排除されてしまうわけです。これでは効果は非常に限定されてしまいます。

ですから今後も、生活困窮者自立支援制度で同様のことが起こらないという保証はどこにもありません。困っている人を早期に把握して制度に繋げていくという理念はよいと思いますが、実際に制度を運用している各自治体の行政担当者の思惑によってその理念は現実化しない可能性があります。

仕事や住宅の質を問わない支援

もう一つの問題は中間的就労です。最初は就労準備として、就労から遠ざかっている人たちにボランティア的なことをやってもらって、生活リズムを取り戻してもらうという支援がおこなわれます。これ自体は良いかもしれませんが、その後の就労訓練として、中間的就労を各事業者にお願いして実施することになっています。この中間的就労に関しては各都道府県で認定制度を設けることになっています。プログラムには、雇用型と非雇用型の二つがあります。この非雇用型には、最低賃金以下の労働やボランティア的な就労が含まれてきます。この制度をブラック企業が悪用しようと思えば、生活困窮者を最低賃金以下で安く使うことが可能になります。そうなってしまえば、労働市場全体にも悪影響を与えかねないと考えています。

このように生活困窮者自立支援制度は全体として、「仕事と住まいさえあれば何とかなるだろう」という発想から出てきていると思います。ところが、現在の生活困窮者の状況を見ると、仕事はあっても、その中身が非常に劣悪であったりするわけです。非正規で賃金が低いという問題もありますし、あるいは正社員で働いているけれども労働条件が非常に悪いブラック企業も問題になっています。このように、現実には労働の質が問題になっているのに、行政側は「仕事さえあれば貧困から抜け出せるはずだ」という発想になっているのではないかと思います。

住まいについても同様です。脱法ハウスの問題に取り組んでいて驚いたのは、脱法ハウスに住宅手当制度を利用して住んでいる人がいたことです。脱法ハウスの家賃を行政が払っているわけです。そうした状況も、住宅の質を問わないから起こっているわけであって、こうした発想を変えない限り、第二のセーフティネットとは名ばかりで、劣悪な状況に人々を追いやっていくものになりかねないと考えています。

この事業に対する力の入れ方は各自治体によってかなり異なっています。滋賀県の野洲《やす》市や大阪府の豊中《とよなか》市の取り組みは有名で、マスメディアにも取り上げられています。モデル事業として優れた実践をおこなってきた自治体では、地域のなかで困窮者を早期に発見して制度に繋げていくことが可能になるでしょう。ところが、意欲のない自治体では、役所の片隅に机を一つ置いて、ポツンと職員が座っているだけの地域もあるでしょう。また、生活保護に繋げないように事業を悪用しようと動くところもあるでしょう。そういう意味で、かなり地域格差が出てくると思います。

そうした各地の状況について、私たちもチェックしていきたいと思っていますが、ぜひ皆さんもお住まいの地域できちんとした運用がなされているのかをチェックしていただければと思っています。

生活困窮者自立支援法における「自立」とは？

そもそも、生活困窮者自立支援法における「自立」とは何でしょうか。これに関しては、法案成立後に山本太郎参議院議員が厚労省に対して質問主意書を出しています。その質問に対して厚労省は、経済的な自立のみにとどまらない広い意味を有すると回答しています。しかし、実際の支援メニューの中身を見ると、経済的な自立にかなり偏っていると私は感じています。

この制度はそもそも民主党政権時代に「生活支援戦略」という名前で構想されていました。生活に困っている人を包括的に支える制度として構想されたわけです。ところが、自民党政権に戻ってからは途端に「自立」が強調されるようになりました。そして、法案の名前も「生活困窮者自立支援法案」となり、入り口の相談窓口も「自立相談支援事業」という名称になってしまいました。

その過程で抜け落ちてしまったのは何でしょうか。当初、二〇一二年七月に厚労省が出した生活支援戦略の中間まとめという文書では、経済的困窮者だけでなく、社会的孤立者の早期把握ということを言っていました。二〇一二年は、全国で孤立死事件が相次いだ時期になります。

それまでも単身高齢者の孤独死は多く発生していましたが、この頃から複数世帯が共倒れするという現象が目立ってきました。老老介護の二人世帯や母子家庭など、家族全員が共倒れして、全員が亡くなった状態で発見されるという事件が相次いだのです。こうした事件が相次いだために、マスメディアが「孤独死」ではなく「孤立死」という言い方で取り上げるようになって、厚労省としても対策をしなければならないということになったのでしょう。中間とりまとめには社会的孤立者への支援が盛り込まれました。

ところが、その後、新制度をめぐる議論から「社会的孤立」という言葉がいっさい抜け落ちてしまいました。創設された支援メニューも就労に特化されていて、孤立しがちな高齢者が使える制度は何も作られませんでした。

生活困窮者自立支援法案が国会に上程された際に厚労省が作った文書では、新法を制定しなければならない根拠として、全国の福祉事務所に来訪している者のうち生活保護に至らない者が年間約四〇万人（二〇一一年）いるというデータが示されています。しかし、厚労省自身も認めているように、このデータには高齢者も含まれています。おそらく多いのは低年金の高齢者の方で、その人たちを役所が追い返している可能性があります。また、追い返さないにしても、今の生活保護制度は資産要件が厳しいので、貯金が一定程度あると使えません。四〇万人という数字にはそうした高齢者がかなり含まれていると思われます。

そうであれば、必要とされている対策は、生活保護をきちんと機能させて水際作戦をさせないことであり、生活保護を活用できない低年金の高齢者の生活を支える制度である、ということになります。

しかし、厚労省はこのデータから、生活保護に至る手前の段階で、働ける世代の人たちを就労に繋げる制度が必要だと結論づけました。結論が先にあって、データをつまみ食いをした、という印象です。

そもそも「自立」とは何か？

社会福祉の制度において、「自立支援」という言葉はこれまでどのように使われてきたのでしょうか。この言葉は二〇〇〇年代に入ってから非常によく使われるようになりました。最初に出てくるのが、二〇〇二年に制定されたホームレス自立支援法です。これは一〇年間の時限立法で、二〇一二年に五年間延長されていますが、支援策の柱は就労支援に置かれています。

　同年に母子家庭等自立支援対策大綱が定められています。これに対しては、当時、大きな反対運動が起こったのですが、母子家庭等ひとり親家庭の児童扶養手当を縮小すると同時に就労支援を強化する制度となりました。つまり、現金を渡すのではなく働かせる方がいいという意味で「自立支援」という言葉が使われているわけです。

　二〇〇五年には障害者自立支援法が制定されました。こちらも障害者団体から大規模な反対運動が起きました。障害者がサービスを受ける際のいわゆる応益負担が問題となりました。障害者がサービスを利用するのは「利益」だから、その「利益」に対してお金を払うべきだ、というのが国の発想ですが、当事者からは果たしてサービスを利用することが「利益」なのか、という疑問が投げかけられました。障害者にとってサービスを利用することは、生きていくために必要なことであって、自分の方から要らないということはできないものだからです。

　障害者に応益負担を求める自立支援法は生存権を侵害するものだとして、障害者団体が中心となり、違憲訴訟が起こされました。訴訟は民主党政権において和解が成立し、二〇一〇年に当事者の意見に充分耳を傾けた新たな総合福祉法制を創設することを約束する「基本合意」が交わされました。その結果、二〇一二年に現在の障害者総合支援法という新たな法律に変わっています。

このように障害者福祉の領域では「自立支援」が一部撤回されたわけですが、二〇一三年、生活困窮者自立支援法が生活保護法の一部「改正」とセットになる形で出てきました。このように近年、特に就労支援を強調する意味で自立支援という言葉が社会福祉のさまざまな領域のなかで広がってきたと言えると思います。

実は、生活保護法のなかにも「自立」という言葉があります。生活保護法第一条に定められている生活保護制度の目的には、第一に、「国が生活に困窮するすべての国民に対し、その困窮の程度に応じ、必要な保護をおこない、その最低限度の生活を保障する」という生存権保障が盛り込まれています。これは憲法第二五条の「すべて国民は、健康で文化的な最低限度の生活を営む権利を有する」という生存権規定を基礎にしています。ところが第二に、自立を助長するとも書かれています。「自立支援」とは言っていないですが、「自立助長」という言葉が生活保護の仕組みに最初から盛り込まれているわけです。

生活保護法における「自立助長」をどう考えるかについては、長い論争の歴史があります。一九五〇年代後半から一九六〇年代前半にかけて、岸勇さんと仲村優一さんという著名な二人の研究者が論争をされています。この論争の焦点は、福祉事務所のケースワーカーが行なうケースワークをどう評価するかということでした。岸さんは、現金給付と、指導指示も含めたケースワークを分離すべきである、という議論を展開していました。それに対して仲村さんは、分離すべきでない、民主主義的なケースワークはありうると主張していました。

この岸・仲村論争において、岸さんは、そもそも生活保護法における「自立助長」が問題なのではないかという問題提起をされています。「自立助長」とは結局、生活保護利用者のお尻を叩いて働かせ、生活保護制度から排除することが目的なのではないか、その意味で生活保護制度はそもそも矛盾を孕んでいるのではないか、という趣旨の主張をされているのです。

このように「自立」のあり方については、戦後の社会福祉の最初からさまざまな議論があり、「自立助長」の名のもとに人権侵害が起きているのではないかという指摘がなされてきました。私も多くの生活保護利用者と話をするなかで、ケースワーカーによる嫌がらせについて聞くことがよくありますが、なかには「ケースワークハラスメント」という言葉を使うべきではないか、と言っていた方もいました。「自立助長」の名のもとにケースワーカーがさまざまなアドバイスや指導指示をするということ自体、人のプライバシーに踏み込んでいるわけですから、意図する・しないにかかわらず人権侵害的な要素が入り込みやすいのだと思います。ですから、約半世紀前の岸・仲村論争には現代的な意味があると思っています。

厚労省の審議会での議論

生活保護制度における「自立」概念については、二〇〇三年から二〇〇四年にかけて設置された厚労省の「生活保護制度の在り方に関する専門委員会」で議論がなされました。

この「在り方」検討会の報告書に書かれている「自立」概念が、今の厚労省の公式の考え方だと言えます。この報告書は小泉政権の時代に出ていて、母子加算や老齢加算を廃止する根拠とされた部分もあるので（母子加算は後に復活）、いろいろと問題を孕んではいますが、他方で高校の就学費用についての提言や自立支援プログラムの根拠となっているところもあって、非常に両義的な性格を持っています。

この報告書は「自立支援」を「利用者が心身ともに健やかに育成され、またはその有する能力に応じ自立した日常生活を営むことができるように支援するもの」という社会福祉法の言葉をそのまま引用して説明しています。その上で、「自立支援」というときに就労支援に絞るのではなく、以下の三つの自立支援があると述べています。

第一は、日常生活自立支援、自分で自分の健康・生活管理を行うなど日常生活において自立した生活を送るための支援です。第二は、社会生活自立支援、地域のなかでさまざまな人との繋がりを作りながら生活をしていくための支援で、もやいでおこなっているサロン活動など居場所づくりの活動もここに含まれます。最後が、就労自立支援です。この報告書に基づいて、二〇〇五年度から各福祉事務所で生活保護利用者を対象にした自立支援プログラムが始まりました。就労支援だけではなく、地域での居場所づくり、多重債務者への支援、精神障害者の退院促進なども自立支援プログラムの一環として実施されています。

自立をめぐる議論で私自身が関わったものとしては、二〇一〇年に「生活保護受給者の社会的な居場所づくりと新しい公共に関する研究会」がありました。これは民主党政権時代に作られた審議会ですが、それまでの自民党政権時代には絶対に呼んでもらえなかったわれわれNPOのスタッフにも声をかけてもらって、生活保護利用者の居場所づくりについての検討会をおこない、報告書をまとめました。

この研究会が設置された背景には、「釧路モデル」を全国に展開していこうという厚労省の考えがありました。釧路市の福祉事務所では、櫛部武俊さんという当時の所長が中心となって、生活保護世帯の親の就労支援や子どもたちの学習支援と居場所づくりをおこなってきました。たとえば、長期間、失業状態にある人はすぐに体が慣れないので、最初は動物園で動物のエサを作るなどのボランティア的な仕事をしてもらうことから始めたり、そもそも失業率の高い地域で仕事自体があまりないので、福祉事務所の職員が地元企業を訪問して、生活保護利用者を受け入れてくれないかという話をして、一人ひとり仕事につないでいく取り組みをおこなったそうです。

こうした地域づくりと一体となった自立支援モデルを全国に広げたい、という厚労省の意図があり、「生活保護受給者の社会的居場所づくり」をテーマにした研究会が設置されました。そこに私たち、生活困窮者支援に取り組んできたNPOの関係者も呼んでもらい、議論をすることになったのです。

ただ、研究会で役所の建物に集まって研究者とわれわれNPOが話し合っても、結局、現場のことがわからないので、他の委員や厚労省の担当者に一回、もやいの事務所にも来てもらい、実際に当事者に話を聞いてもらうという企画も行ない、なるべく当事者の声を報告書に反映させようと動きました。

その結果、民間の委員がまとめた報告書の素案では、「自立」には、公私の援助・支援を受けない状態である「自立」と、自分の生活は自分で選択・決定する意味での「自律」という二つの側面があるという内容が盛り込まれました。日常生活自立、社会生活自立、経済的自立の三つの自立があることを踏まえた上で、その根底にあるのは精神的な「自律」、つまり自己選択であり自己決定だということを報告書に入れようとしたのです。しかし、厚労省の事務方が「自律」という言葉が入ることに強く抵抗したため、この言葉が報告書に入ることはなく、代わりに入ったのは「当事者性の尊重」という言葉でした。

「自律」という考え方

この「自律」という考え方は、もともとは障害者運動のなかで生まれた考え方だと思います。かつては、重度の障害を持っている人々が施設での生活を事実上強要されていました。六〇年代以降、そうした施設での生活ではなく地域で生活する権利を求める運動がアメリカを中心に広がり、障害者自身の手によって地域生活を支えるセンターが各地に作られていきます。

日本では七〇年代、府中療育センターという公的な施設での人権侵害に対して、都庁前での座り込みなどの抗議活動が広がりました。有名な「青い芝の会」による運動もあり、東京では一九七四年から重度の脳性マヒの人に対して介護者を派遣する事業が始まりました。それまでは、家族のもとにいるか、施設のなかで暮らすかしかなかった重度障害者の方たちが一人で生活をして、地域で支えていく仕組みが徐々にできていきました。生活保護制度においても、一九七五年以降、他人介護加算の特別基準が認められるようになり、生活保護を利用して地域で暮らす障害者が増えていきます。

この間の生活保護の生活扶助基準や住宅扶助基準の引き下げに反対する運動のなかでも、障害者団体は大きな役割を果たしています。障害者から見ると、生活扶助や住宅扶助の基準を下げるということは、自立生活を妨げるものでしかなく、「障害者は施設で暮らしなさい」という時代に逆戻りすることを意味しています。また、扶養義務者への圧力強化は「障害者は実家でずっと暮らしなさい」ということを意味しているので、これも歴史の歯車を逆行させる動きとして捉えられています。

日本では一九八〇年代に各地に自立生活センターが設立され、全国自立生活センター協議会も設立されます。そうした障害者の自立生活運動において重視されてきたのが、当事者主権という考え方です。障害を持っている人自身が、誰かの庇護下に置かれるのではなくて、自ら自己決定をしていく。「自律」を社会全体で支える仕組みを作ることが目指されてきたのです。

私は一九九四年から路上生活者の支援活動に関わり始めましたが、私たちが路上生活の当事者と共に炊き出しを始め、その後も活動を広げていくなかで、最も理念の上で影響を受けたのが障害者の自立生活運動でした。

バブル経済が崩壊した後に各地で路上生活者が急増し、支援活動も広がっていったわけですが、それは当事者運動としての側面を持っていました。特に行政による強制排除に反対して、路上のコミュニティを守る運動では当事者性が強調されました。

行政による強制排除は、施設収容とセットになっている場合が多く、「施設を用意したからそこに入りなさい」という形で排除が行なわれることがよくありました。ただ、行政が用意する施設は劣悪な環境であることが多いため、ほとんどの当事者は入所を希望しません。そのことを行政側は一般に対して「施設を用意しているのに、あの人たちは入りたがらないので、やむをえず排除をするのだ」とアピールするのです。

それに対して、私たちは施設に入るかどうかは当事者の自己決定によるべきだと主張してきました。路上生活者は一方的に排除される存在でもなければ庇護される存在でもないと言ってきたのです。

行政による強制排除が世論や司法の場で非難されるようになると、行政は排除ではなく、「自立支援」を打ち出すようになりました。東京では二〇〇〇年に台東区《たいとう》と新宿区に最初の路上生活者向けの自立支援センターができました。そこでの「自立」はまさに就労自立を意味していました。

自立支援センターの開所を受けて、私たちも二〇〇一年にもやいを設立します。もやいを設立する過程のなかで、いろいろ議論したのですが、名称にはあえて「自立」という言葉を入れました。正式名称は「自立生活サポートセンター・もやい」という長い名前なのですが、障害者の自立生活運動へのリスペクトを込めて、あえて「自立生活」という言葉を入れました。このネーミングには、あくまで就労による「自立」を目指す行政の自立支援センターに対して、必要に応じて生活保護を含めたさまざまな制度を利用することも含めて、自己決定・自己選択により自らの生活を築いていくという「自立」概念を対置したい、という動機が込められています。

二〇〇六、七年頃から法律家の方々の協力もあって、生活保護の申請支援の活動が広がっていきました。それまでは、六五歳未満のいわゆる稼働年齢層の方たちは、生活保護の申請をすることが非常に難しい状況にありました。これは制度的に難しいのではなくて、水際作戦が激しかったからですが、私たちは徐々に水際作戦を突破するノウハウを蓄積し、広めていきました。

また、生活保護の申請と合わせて、アパート入居のための一時金を申請する活動にも力を入れ始めました。というのは、ホームレス状態にある人が生活保護を申請すると、施設入所に誘導されてしまうからです。施設には、いわゆる貧困ビジネスの宿泊所が多いので、劣悪な環境に耐えかねて出てしまう人も少なくありません。そうした集団生活の施設ではなく、アパートに暮らす権利、地域で暮らす権利を求めて、当事者が法律に基づく申請権を行使するのをお手伝いする活動をしています。

こうした活動に一貫しているのは、どういう制度を利用するのか、施設に入るかアパートに暮らすかという選択は、福祉事務所が決めるのではなく、当事者の自己決定に基づくべきだという考え方です。ケースワーカーの間には「このほうがあなたのためだから従いなさい」というパターナリズム的発想が依然として根強いので、私たちの活動に対する抵抗も非常に強いのですが、声をあげる当事者は増えつつあります。

ソーシャルアクションの必要性

話をまとめていきますと、まず、行政の言う「自立支援」の問題点としては、やはり経済的自立、就労自立ばかりが強調されている点があります。つまり、生活保護制度などの社会保障制度を利用しないことが「自立」だという考えになってしまっている点です。

生活困窮者自立支援法についても、厚労省は露骨な言い方はしないにしても、財務省は生活保護費を減らす効果があるという言い方をしています。生活保護を減らすこととのバーターで就労支援をやっていく。まさに母子家庭の児童扶養手当削減と就労支援強化がセットになっていたのと同じで、社会保障費削減のために自立支援、就労支援をやっていくというロジックになります。それは当事者から見ると、制度を利用する権利が侵害される、ということに繋がりかねません。

こうして就労支援ばかりを強調することの弊害として、そもそもなぜその人が貧困状態に陥ったのかという社会的な要因が問われなくなる、という問題もあります。

たとえば、私たちのところに相談に来る人のなかには、ブラック企業で過労死寸前まで働かされて、うつ病になり、その結果、生活に困窮している人もいます。そもそも貧困の原因を作ったブラック企業の問題、労働環境の問題を問わずに就労支援を行なうと、「とにかく労働市場に戻ることが良いのだ」という発想になり、またその人を劣悪な労働環境に送り込むことにもなりかねません。このように貧困の社会的要因を問わないことの弊害は大きいと思っています。

先ほど生活困窮者自立支援法の問題点について記したように、自立支援の現場では既存の支援メニューにあてはまるかどうか、という点のみが重視され、就労実績を上げるために入り口で選別をしていくということがよく行われています。行政の書類上では、実績として何パーセントが就労自立したという数に出るわけですが、現実にその窓口に行った当事者にとっては、まったく使えない制度になってしまいます。既存の制度を前提として当事者を選別していくやり方にはかなり問題があると思っています。制度に当事者をあわせるのではなく、当事者の状況にあわせて制度の改善を求めていく、というソーシャルアクションの発想が求められています。

ソーシャルワークを学ぶ人に

ソーシャルワークや対人援助に関わろうと思っている方、あるいは実際に関わっている方にお願いしたいことは、「自立支援」の抱える両義性に自覚的になってもらいたいということです。当事者にとって、本来、自立とは権利を意味します。就労支援も本来、権利として保障されるべきものだと考えます。他方で、権利としての自立が支援者という他者から言われることで、そこに権力構造が生まれてしまい、人権侵害に繋がってしまう危険性が生じます。特に福祉事務所においては、お金が絡んできますので、保護の停止・廃止をちらつかせて就労を支援するということがおこなわれてきています。

支援者はもっと自らの権力性に自覚的になるべきです。そして、常に当事者主権とは何かということを考えてもらいたいと思っています。

その意味でも、私は住まいの問題は重要だと思っていて、施設で訓練するという発想ではなく、支援の最初の段階で「権利としての住まい」を提供するという「ハウジングファースト」型の支援を広げていきたいと考えています。

また、さまざまな社会保障制度についても、その制度についての説明がきちんとなされた上で、当事者が自己決定に基づいて制度を利用する、という文化が日本で定着するように努力を続けたいと思います。

ただ、ときには、その人に必要なメニューが今の社会に存在していない、あるいは支援メニューはあるけれども、非常に使い勝手が悪い場合があります。そうしたときこそ、支援者と当事者が声をあげ、ソーシャルアクションに踏み出すべきです。残念ながら、日本のソーシャルワーカーでソーシャルアクションをする人は非常に少ないのですが、本来、ソーシャルワークという仕事のなかには、ソーシャルアクションが含まれているということは改めて強調しておきたいと思います。

参考文献

中西正司、上野千鶴子『当事者主権』岩波新書、二〇〇三年

布川日佐史『生活保護の論点――最低基準・稼働能力・自立支援プログラム』山吹書店、二〇〇九年

岸勇『公的扶助の戦後史』明石書店、二〇〇一年

和久井みちる『生活保護とあたし』あけび書房、二〇一二年

庄司洋子、菅沼隆、河東田博、河野哲也・編『自立と福祉』現代書館、二〇一三年
横田弘『障害者殺しの思想』現代書館、二〇一五年

第6章 対談・藤田孝典×稲葉剛

貧困ビジネスとソーシャルアクションをテーマに、ゲストとして著書の『下流老人』がベストセラーになっている藤田孝典さんをお呼びし、支援者に求められる社会的役割について考える公開対談を二〇一五年一〇月二一日に開催いたしました。本章はその内容に加筆・修正したものです。

貧困ビジネスの実態と定義

——まず貧困ビジネスの実態とはどのようなものなのでしょうか。また、なぜ広がってしまったのでしょうか。

稲葉：貧困ビジネスという言葉は、もともと私と一緒にNPO法人自立生活サポートセンター・もやいを立ち上げた湯浅誠が作りました。生活困窮者を対象にした事業をなんでもかんでも貧困ビジネスだと言って批判するような風潮が一部にありますが、本来は、生活困窮者、貧困層を対象にして貧困状態を固定化させたり、あるいはその状態を悪化させたりすることによって成り立っているビジネスのことを貧困ビジネスであると定義しています。代表的な貧困ビジネスは、生活保護利用者を対象とした宿泊所ビジネスです。

社会福祉法では、生活や住まいに困っている人たちを宿泊させるための無料低額宿泊所という制度を定めています。しかし実際は、無料低額宿泊所という制度名であるにも関わらず、実際には無料でも低額でもない施設が多く、そのなかに貧困ビジネス系の施設が多数含まれています。なかには明らかに営利目的で始めたところもあります。そうした事業者は、路上から人を集めてきて施設に入れ生活保護の申請をさせるのですが、その施設の多くは居住環境、衛生環境が劣悪な状態にあります。二段ベッドをずらっと並べたりして、狭い部屋にたくさん人を入れるわけですね。そして、宿泊費と食費という名目で保護費のほとんどを天引きしていくという形で経営を成り立たせているのです。ただし、無料低額宿泊所にはもともとボランティアで運営していた支援団体などが立ち上げた施設もあり、当然ながらすべてが貧困ビジネスというわけではありません。

東京では九〇年代の半ばから路上生活の人たちが急増しましたが、行政はほとんど対策を打ちませんでした。その空白を埋めるような形で一九九九年頃から広がってきたのがこのような貧困ビジネスです。

藤田さんが活動している埼玉でもかなり広がってきていると思うのですがどうでしょうか。

貧困ビジネスは福祉行政の空白にはびこる

藤田：埼玉だと二〇〇一年くらいから、ホームレス状態にある方たちを中心に、ホームレスの人たちが入れる場所がないという議論が起こり、無料低額宿泊所がビジネス的なものも混じりながらたくさん出てきました。その資源がなければホームレスの人たちが未だに路上生活を続けざるを得ないかもしれないわけです。
稲葉：問題なのは、各地方自治体が自ら公的な施設を作るという方向に動かずに、貧困ビジネスの施設に依存しているという状況ですよね。三多摩のある自治体では、十数年前に市内に貧困ビジネスの施設ができたときに、ホームレスの人たちに福祉事務所の職員がこの施設をどうぞ使ってくださいと案内して回ったという話があります。

このように、貧困ビジネスというのは、本来行政がやらなければいけないことを怠っているところに、じわじわと入ってくるという傾向がありますね。

藤田：ホームレスに限らず、この間、貧困ビジネスがはびこる領域がすごく拡大してきています。若者支援の領域でも資源がないし、高齢者もDVを受けている女性もみんな居場所がないですよね。高齢者でいえば、お金のある人は当然有料老人ホームと契約してすぐに入れますが、お金がない人たちの居場所が都市部にほとんどない。居場所のない人が福祉事務所に相談に来ても、社会資源がないので行政が紹介する先は貧困ビジネスしかないというのが実態です。

稲葉：藤田さんは埼玉で貧困ビジネス相手の訴訟などの活動もやってらっしゃいますよね。

藤田：そうですね。埼玉はホームレスや家がない若者など、身寄りがなくて敷金礼金を払えない人たちでも入れる脱法ハウス、ゼロゼロ物件などと呼ばれる劣悪な住環境の施設が数多くあり、貧困ビジネス天国だと言われたりしました。そうした施設の入居者から相談が相次いだため、弁護士の方々と協力して、裁判や、行政への悪質な事業の停止・廃止の要請などをおこないました。

また、二〇一三年に、貧困ビジネス規制条例というものをさいたま市や埼玉県に作ってもらいました。他には、貧困ビジネスとそうでないところに線引きする民間レベルの試みも行っています。

制度の枠に閉じ込められた福祉関係者

――貧困ビジネスが広がる要因に、行政の福祉関係者が社会資源を整備していないことがあるわけですね。では、民間レベルで地域福祉や貧困問題に取り組む福祉関係者には、貧困ビジネスをなくす上でどのようなことが求められているのでしょうか。

藤田：社会福祉関係者は、住まいの貧困にこれまであまり向き合ってきませんでした。低所得で支援が必要な人が山ほどいるのに、低所得者や個別性があって対応が大変な人たちを受け入れるような懐の深い社会福祉法人が減ってきて、資源が圧倒的に足りていません。これは低所得者を支援してもあまりお金にならないからです。たとえば、ある敷地に有料老人ホームを作ったら一億円儲かるけれど、同じ敷地で養護老人ホームを建てたら一〇〇〇万円しか儲からないという場合、前者のお金になる人たちの施設を建てるところが多いのです。

稲葉：そもそも、住まいの貧困に限らず、貧困問題そのものに向き合っている福祉関係者が少ないように思われます。大学で福祉を学んだ藤田さんが二〇〇二年に活動を始めた時、初めて社会福祉関係者がホームレス支援を始めたとちょっと感動した覚えがあるんですね。私自身は全然社会福祉は専門的に勉強していませんでしたし。

私が支援を始めた一九九四〜九五年は、新宿区内だけで四〇人から五〇人ぐらいの人が路上で病死、凍死、餓死するような状況がありました。当時、ホームレス支援を始めた人たちは、どこの地域を見ても、もともと何らかの社会的な活動や労働運動をやっていたいわゆる活動家タイプの人やキリスト者が多く、社会福祉の関係者はほとんどいませんでした。私はずっと、それは非常に奇妙な状況だと思っていました。

そもそも社会福祉の歴史は、一八世紀・一九世紀に、高齢者や障害を持っている人が困窮して、路上生活に陥るといった現実にどう対処するのか、という救貧から始まっています。しかし、その後、高齢者に対しては高齢者福祉、障害者に対しては障害者福祉、子どもには児童福祉というように、支援が個別分野ごとに制度化・専門化されていき、そこからこぼれ落ちる人がたくさん出てきてしまいました。現在は残念ながら、こうしたこぼれ落ちた人たちの問題に福祉関係者がなかなか目を向けてくれません。

藤田：おっしゃる通り、個別制度・専門領域の隙間の問題があります。さらにいえば、高齢者というカテゴリーのなかでも、介護が必要な状態でない高齢者にはほとんど対策がとられていません。また本来は介護が必要であるはずの、認知症になって尿失禁や便失禁をしている状態で路上生活を続けているような高齢者もいるのですが、支援が届いていません。

障害のある方への支援も重度の手帳所持者に限られています。軽度の、知的水準がボーダーラインの人にはほとんど支援がなされていません。また、家がない、身体的虐待やネグレクトを受けている、貧困で食べるものすらないというような子どもは山ほどいるのですが、ほとんど支援されていません。

稲葉：支援が制度化されるなかで、上から予算の制約が課されてくると、さらにその対象者が限定されていくわけですよね。介護だったら要介護の高齢者、障害者福祉だと手帳を持っている人たち、児童だったら児童相談所が要保護だと認めた一八歳までの子どもというように。

ここから抜け落ちる人がいるわけです。たとえば、児童養護施設を退所した一八歳の若者がいったんは住み込みで就職するのだけれども、そこで仕事がなくなって、一九歳や二〇歳くらいで路上生活になって相談に来るというパターンは、私たちのNPOの相談窓口でも結構あります。

そのような、今の制度には包摂されていないこぼれ落ちてしまっている人たちをきちんと見ていけば、今何が機能不全になっているのかが見えてくるはずです。従来の制度の枠のなかで働いている社会福祉関係者はそこを見逃してしまいがちなのですが。

藤田：ワーカーの教育課程では、制度は完成されたものとして教えられる傾向があります。そうした考えでは、すでに支援対象のカテゴリー別に社会資源が充分に用意されていて、後はそのどれを利用するかという話になります。でも本来は、生活保護制度が利用しやすいか、介護保険制度が介護の必要な人を排除していないかとか、制度そのものの妥当性を検証していかないといけないんですよね。

ソーシャルアクションが支援の可能性を広げる

藤田：こうした問題を考えるために重要な手がかりになるのがソーシャルアクションという概念です。これは、要するに社会を変えるという方法があるという話です。

ソーシャルワーカーが現場で当事者と向き合うとき、何に問題があるのか、どこに介入したらその人の生活がよくなるのだろうか、どんな制度を使っていったらいいのだろうか、ということをアセスメントします。これは、ミクロレベルの実践です。

メゾレベルでは、どうしたら支援が必要な人に社会資源を結びつけられるかを考え、実践します。地域に利用できる適切な社会資源が不足しているのなら、地域をどうやって変えていったらその人は生活しやすくなるのかを考えます。たとえば、ホームレスの人が多い地域で、福祉事務所の人が生活保護の申請に来た人を追い返して排除していることが明らかだとします。そうした場合には、福祉事務所の不当な対応を是正させ、地域の力学を変えようということです。

マクロレベルでは、制度自体の問題点を問い、制度自体の改変を目指したり、新たに社会資源を作り出すなどの実践をおこないます。ソーシャルアクションは特にこのレベルに関わります。ソーシャルアクションで獲得した社会資源は、ミクロやメゾレベルでよりよい支援を行なうための基盤になります。貧困ビジネスを排除するために、条例での規制や公的な住宅手当制度の創設、公営住宅の拡大などの施策を行政に求めることもソーシャルアクションの一例です。

介護保険制度を例にとると、ソーシャルアクションの必要性がよくわかります。介護保険制度は財務省から、この予算でやれと言われた範囲で制度が構築されています。それを端的に示すのが、一から五までの段階で優先順位を決める要介護認定の仕組みです。この仕組みでは、要介護度が必要より軽く判定されてしまう人が多く発生します。障害分野でもそうですが、予算によって現場の制度運用が締めつけられるのです。

こうしたとき、福祉関係者は本来、国の方針にただ従うのではなく、制度自体の改変や充分な予算の確保を政治に求めていくべきです。介護で言えば、国が特別養護老人ホームに入居できるのは要介護三以上のみと決めても、それにただ従うのではなく、一、二の人でも本当に必要であれば入居できるように争うということです。残念ながら現在の日本では、当事者よりも国の側に立って当事者に我慢を求めることが多いのが現状です。

ソーシャルワーカーはソーシャルアクションを教わらない

藤田：海外だとソーシャルアクションは支援者が普通に学ぶ分野ですし、タウンミーティングなどを通じて市民が当たり前におこなっていることです。また、労働組合も現場の労働者の声を政治への要求を通じて制度に反映させようとします。

しかし、日本ではこうした社会的な主体が育っておらず、政策では政治家や官僚のイニシアチブが大きくなります。そうなると、法制度が非常に脆弱なものになったり、逆にその制度自体が当事者に不利益を与えるものになる傾向があります。

稲葉：日本では、福祉は優しさや目の前にいる人のために一生懸命になれというような情緒で語られる面が強いのですが、福祉の教育のなかでソーシャルアクションがあまり教えられないということがありますよね。

藤田：そうだと思います。ソーシャルワークの担い手として想定されている社会福祉士や精神保健福祉士はたいてい『相談援助の理論と方法』という約四〇〇ページくらいのテキストで勉強するのですが、その内容の内訳は、ミクロレベルはおよそ三〇〇ページ、メゾレベルは一〇〇ページ、マクロレベルは四ページです。このような配分では、どうしてもマクロレベルに介入するソーシャルワーカー、社会福祉関係者が出てくるはずがないのですね。一番困っている人たちに手をさしのべられない、福祉関係者の大きな欠点が見えるのではないかと思います。

ソーシャルビジネスをどう捉えるか

――ところで貧困問題の解決策として、いわゆる社会的企業やソーシャルビジネスと呼ばれる、社会問題そのものをビジネスにしてうまく運用するなかで、利益を出しつつ社会的な課題の解決も目指していくというような形の事業がいま注目されています。

こうした動きはソーシャルワーカーの役割との関連では、どのように位置づけられるのでしょうか。

稲葉：私自身が所属するNPO法人もやいも、社会的企業を紹介する記事で取材を受けたことがあります。もやいでは、ホームレスの人たちがアパートに入るときに連帯保証人を見つけられないという問題に対して、非営利で、自分たちで保証人を提供する事業をおこなっていますし、私が二〇一四年に立ち上げた一般社団法人つくろい東京ファンドでは、空き家を活用したシェルターや若者向けのシェアハウスを運営しており、開設のための資金はクラウドファンディングで集めています。このように、私も社会的企業やソーシャルビジネスと呼ばれてもいいような取り組みをおこなっています。

先ほど藤田さんの話で、ソーシャルアクションの一環として社会資源を作るという課題が紹介されました。自分たちの手で地域に欠けている社会資源を作っていくという取り組みは重要です。ソーシャルビジネスがそのなかに位置づけられるのであれば、意味のあるものになるでしょう。

しかし一方で、世の中でソーシャルビジネスを推奨している人のなかには、これですべての問題を解決できると語る人たちもいます。そうしたソーシャルビジネス万能論は間違いだとはっきり言っておきたいと思います。

特に貧困問題では、生存権の保障という分野において国に責任を取らせるということが最も重要なことです。ソーシャルアクションによって国の責任を追及していきつつ、目の前にある状況を改善するために自分たちでも資源を作っていく。この両方をやっていく必要があるでしょう。私も一方でデモや集会を呼びかけながら、もう一方でクラウドファンディングを呼びかけています。その両方をやっている人が少ないのが残念ですが。

藤田：私も同感です。人間が最低限必要なサービスを提供するのは本来どのような社会的主体であるべきか、社会的企業でいいのかという議論が必要です。

現在、社会的企業もそうですが、民間の助け合いや自助努力ばかりが期待され、公助が切り下げられるという動きがあります。この間も子どもの貧困対策で国民運動をという話が政府からも出てきているのですが、その予算を寄付で賄うそうです。要は共助ですね。お互いみんな大変な人がいるんだから、助け合いましょうというような言説が社会福祉の領域を席巻しています。しかしそれは本来税金でやるべき話で、なぜ税金を払ってさらにカンパまで出させられるのかを問わなくてはいけません。

稲葉：生活困窮者支援のソーシャルビジネスはアメリカのＮＰＯを参考にしているところが多いのですが、アメリカはご存知のように貧困大国ですから、公的な社会保障制度、生活に困った人を普遍的にカバーする制度が機能していないわけです。そのためにホームレス問題があれだけ深刻化していて民間でやらざるを得ないということで、多くのＮＰＯが活動をしています。そうした背景をスルーして、アメリカのソーシャルビジネスはすばらしいと言っていたら、公的な責任という観点は抜け落ちてしまいます。

ＢＩとナショナルミニマム

――貧困問題に対して社会福祉関係者がどのようなスタンスをとるべきなのかという話に、また別の角度から迫ってみたいのですが、たとえば、生活保護のような選別が強くはたらく制度ではなく、選別をせずに国民全員に必要な一定額のお金を配ってしまう制度に置き換えようという考えがあります。いわゆるベーシックインカム（以下ＢＩ）です。これはどのように考えることができるのでしょうか。

稲葉：ＢＩの考え方自体はアメリカの黒人公民権運動の生存権要求のなかで生まれたもので、社会運動として積極的な意味もあったと思うんです。ただ、それが日本に輸入されてきたときに、それだけですべてを解決する政策であるかのように喧伝《けんでん》されている点が問題です。ソーシャルビジネス万能論ならぬ、ＢＩ万能論ですね。

さまざまな社会保障制度を一律の現金支給に一本化してしまえば、ナショナルミニマムがないがしろにされる危険性があります。ナショナルミニマムは、すべての人に一律の金額にはなりません。地域によって物価も違い、その人の状況によっても最低生活に必要な金額は変わってくるからです。たとえば車いすが必要な人には車いすを購入するだけの現金か、その現物を支給することが必要ですよね。

いま言われているBI論のなかには、BIを導入するのと同時に、いまある社会保障制度を全廃してしまえ、というような非常に乱暴な議論が多くあります。しかも金額的にもいまの生活保護水準より上の金額を配るべきだと言っている人はあまり多くありません。確かに現実的でもないでしょう。そうであれば仮にBIを導入したとしても、現在、福祉制度を利用している人にとってみれば、基準の引き下げにしかなりません。

BIとソーシャルワーク

稲葉：藤田さんの専門になってくると思うのですが、原理的なBIの提案では、生活困窮者へのケースワークを廃止してお金だけ渡せばよいと主張されます。お金を配るから、すべてのニーズを市場で満たしてください、という主張の問題点についてはいかがでしょうか。

藤田：生活困窮者支援をしていると、お金を配っただけで問題解決するということはほとんどありません。そのお金がアルコール・ギャンブルに消えたり、知的障害のある人で財をサービス化できない、資源化できない人たちが結構多いんですよね。ですから、お金や資源を一律に配ってそれで問題解決することはありえません。

だからソーシャルワーカーが必要とされます。ケア、住宅、車いすなどその人に何が必要なのだろうかというアセスメントの判断は誰かがしなくてはいけません。個々人の状況によって違うナショナルミニマムを現実化するのは、ソーシャルワーク抜きにはできないということです。

でも私は条件付きＢＩを、特に高齢者領域においては一定期待しています。これからは、六五歳以上の年金額は、特に自営業や非正規雇用の人々がもらう国民年金だと生活保護基準相当を下まわってきます。だから生活扶助費部分相当に年金が足りないのであれば、基本的に条件抜きに、高齢者にある一定の金額を配るという最低保障年金くらいは構築すべきではないでしょうか。ＢＩそれだけで何か解決するというよりは、部分的にＢＩ的な制度を入れていくということですね。

稲葉：お金を配るか配らないかというところに議論の焦点がいきがちですが、一番重要なのは、ベーシックニーズ、要するに衣食住が保障されるかです。そのためには最低保障年金が必要だと思いますし、暮らしそのものにお金がかかりすぎるという状況を改善していく必要があります。

私が重視しているのは、どんなに家計を切り詰めてもかかってしまう住宅費のコストを下げていくという政策です。国民年金では四〇年保険料を払って基礎年金が六万数千円という状況ですから、賃貸暮らしで単身世帯であれば生活できず、生活保護を利用せざるをえなくなります。いま非正規の人たちが全体の四割を占めるまでになり、今後、低年金・無年金の人たちが増大していくのは火を見るよりも明らかですから、将来ホームレス化してしまう人を減らすためにも、低家賃の住宅を拡大するなど、いまから手を打っておくべきでしょう。

ソーシャルアクションの具体的な方法とは

藤田：ソーシャルビジネスやＢＩが単独で万能の解決策のように思われてしまうのは、一つには、多くの人たちは最低保障年金なんか実現できないとか、住宅制度を作るのなんか無理じゃないかなどと、だいたい最初から決めつけているからではないでしょうか。

でも私も稲葉さんもさまざまな取り組みのなかで、結構変えられる部分は変えてきています。貧困ビジネスを規制する条例をつくったこともその一つです。それから、二〇一五年度から始まった生活困窮者自立支援制度も、少なくとも建前的には困窮者を支援しましょうという枠組みができたという意義があります。また、住宅支援給付金という、失業者には原則三ヶ月間は家賃を払うという日本で初めての家賃補助制度が公的に入れられました。だから世論を変えていくことや政策を変えていくことは実際にできます。

ソーシャルアクションの具体的な方法論についても議論を深めたいですね。

稲葉：具体的な手法としては、集会、デモだけではなく、生活保護の引き下げ等に対する裁判をするのも大切なソーシャルアクションでしょう。あるいはロビー活動や、マスメディアやインターネットを通してアピールするということも重要です。藤田さんの新著のタイトル『下流老人』もさまざまな議論を呼んでいるそうですが、言葉を新たに作って社会に問題提起することもソーシャルアクションの手法として有効だと思います。

藤田：特に社会規範を変えるということが大事です。年金はこの金額でしょうがないとか、生活保護を受けると恥ずかしいという意識を変えていくということですね。海外のうまくいっている事例を具体的にわかりやすく紹介することも必要です。

言説的なソーシャルアクションのイメージの参考までに、私が出版した『下流老人』の話をすると、高齢者の貧困問題は、私が本を出す前から研究的にはすでに論点が出されていたわけです。そこで、この『下流老人』では既存の公的機関のデータや先行研究などを紹介する際にも、できるだけ噛み砕き、自分は中流だと思っている多くの人にも老後になったら自分や家族が貧困に陥ってしまう可能性が高いという現状にリアリティを感じてもらえるよう腐心しました。

稲葉：この対談はブラック企業対策プロジェクトの主催です。ブラック企業批判はおそらく近年最も成功した社会運動の一つだと思います。この「ブラック企業」という言葉を使った問題提起も言説を通じたソーシャルアクションですよね。

藤田さんがつくった「下流老人」という言葉も、貧困問題は自分と無関係の特別な人の問題ではなくて、自分たちの問題だという意識へ繋げていく言葉になっていますよね。これまで自己責任とされてきた貧困が、社会でなんとかしなければいけない問題だと考えられるように変わっていく一つのきっかけになるのではないでしょうか。

藤田：今回のテーマに引きつけて言えば、ブラック企業は実は福祉とも重要な関係がある問題です。ブラック企業に入って、二、三年で若者がうつ病になって離職する。そうなると家族に頼るか、生活保護を受けるかしかなくなり、医療費も上昇します。だから福祉関係者にとっても、ブラック企業をなんとかしないと現場が大変になるんですね。こうした新しい論点の提起もソーシャルアクション的な実践の一つです。

——まさにそれが、ブラック企業対策プロジェクトに稲葉さんや藤田さんに入っていただいている理由ですね。

藤田：ブラック企業対策プロジェクトでは、いろんな専門分野ごとにユニットを作っています。私も福祉ユニットという部門で、今後の日本の福祉をどうしていくか、貧困問題をどうしていくかということを議論しています。興味がある方はぜひ参加してほしいですね。

社会福祉関係者の待遇をソーシャルアクションで改善する

——社会福祉関係者の賃金や待遇は概して低く、長時間労働もあり、日常の支援活動で疲れ切ってしまっているので、必要だと思ってもソーシャルアクションのための余力がなかなかないという問題についてはどのように考えることができるでしょうか。

藤田：それに対しても、やっぱりソーシャルアクションをするしかないと思います。待遇自体が悪いということも明らかな社会構造の問題なので、声を上げない限りは絶対変わっていかないし、本来は労働問題として争うレベルにあると言えます。

ところが、社会福祉協議会、老人ホーム、障害者福祉施設などに労働組合がどれくらい組織化されているかと聞いてみても、ほとんど組織されていないのが実態です。そこで、この間私はずっと福祉関係者も労働組合にちゃんと加入しようと推奨しています。

稲葉：今本当はチャンスであるはずなんですよね。安倍政権が新三本の矢のなかで介護離職ゼロということを掲げざるを得ない状況があって、一方で介護労働者の報酬は下がっていることが指摘されているのですけれど、まだそれが大きな声になっていません。そういう状況のなかで介護労働者の待遇改善の声を上げていけば、これが大きく広がる可能性はあると思います。

藤田：実は今、福祉関係の労働組合を準備中です。ちゃんと声を上げれば意外に簡単に解決できるし、それを通じて職場の改善ができます。団体交渉によって経営者や厚生労働省と対等に交渉できるようにしていきたいですね。

――福祉労働者が自分の労働条件を変えようとするとき、自分ばかり権利主張して利用者に申し訳ないというような気持ちがあると言われますよね。

藤田：逆に、利用者のためのソーシャルアクションをするためにも、自分たちの待遇改善が必要なんですね。自分たちの待遇改善をしていくことが、利用者のサービスの質の向上に結びつくわけです。そうやって社会を味方につけながら、みんなでソーシャルアクションをして、労働条件を変えていくことができます。それを通じて労働組合に対するイメージを改善し、ソーシャルアクションをするハードルを下げていくことができればいいなと思っています。

ソーシャルワーカーを目指す人へのメッセージ

――最後に、ソーシャルワーカーを志す人たちとソーシャルワーカーを養成している立場の人たちに対してメッセージをお願いします。

藤田：ソーシャルワーク教育を受けるとしたら、その教育自体を疑ってもらいたいですね。私はまだ日本にソーシャルワークはないと思っています。ソーシャルワークの領域はきわめて学際的で、労働、法学、医学、あらゆるものと繋がってきますので、ダイナミックな学問として捉えてほしいです。残念ながら今の教育プログラムではなかなかそういうことは教わらないので、さまざまな現場や研究会などのネットワークに参加し、模索してもらえればと思います。

稲葉：社会福祉の専門家でもない私ですが、これまで当事者の個別ニーズの援助から社会全体のあり方を問う運動まで幅広くやってきました。たとえばアパートに入るときに保証人がいなくて困る、という相談から、日本の住宅政策そのものが機能不全になっているのではないか、と社会に問題提起していくんですね。それは従来の狭い意味での社会福祉実践ではなかったかもしれないけど、本来の意味でのソーシャルワークだったのかなという気がしています。

このようなミクロとマクロの両方のレベルで活動している人は圧倒的に少ないのが現状です。ホームレスの支援に限らずそういう両方の観点を持って動く人たちが出てきてほしいと思います。ぜひ関心がある方は声をおかけください。

参考文献

藤田孝典『下流老人』朝日新書、二〇一五年
藤田孝典『貧困世代』講談社現代新書、二〇一六年
木下大生、藤田孝典『知りたい！ソーシャルワーカーの仕事』岩波ブックレット、二〇一五年

日本弁護士連合会貧困問題対策本部・編『貧困ビジネス被害の実態と法的対応策』民事法研究会、二〇一一年
稲葉剛、五石敬路、新藤宗幸、竹信三恵子編『わたしたちに必要な33のセーフティネットのつくりかた』合同出版、二〇一一年

藤田孝典（ふじたたかのり）

一九八二年生まれ。社会福祉士、NPO法人ほっとプラス代表理事、聖学院大学客員准教授、反貧困ネットワーク埼玉代表、ブラック企業対策プロジェクト共同代表。著書に『下流老人』（朝日新書、二〇一五年）『ひとりも殺させない』（堀之内出版、二〇一三年）など。

あとがき

本書の内容は、二〇一四年から二〇一五年にかけて計六回開催された「稲葉剛のソーシャルワーク入門講座『貧困の現場から社会を変える』」の講演録がもとになっていますが、二〇一六年の状況を踏まえ、大幅に加筆・修正を施しています。

連続講座を主催してくれた「ブラック企業対策プロジェクト」は、ブラック企業によって若者が使い潰されることのない社会を実現するために、各分野の専門家が結集して発足したプロジェクトで、NPO法人POSSE代表の今野晴貴さん、NPO法人ほっとプラス代表理事の藤田孝典さん、日弁連労働法制委員会事務局長の棗一郎さんの三人が共同代表を務めています。各回の講演録は、NPO法人POSSEが発行する『POSSE』（堀之内出版）に掲載されました。巻末のキーワード集の作成にもPOSSEメンバーにご協力いただきました。

あらためて、NPO法人POSSE及び「ブラック企業対策プロジェクト」の皆さんに感謝申し上げます。また、私をこの企画に巻き込み、連続講座の最終回には責任を取って対談相手にもなってくれた藤田孝典さんにも感謝しています。

堀之内出版の皆様には連続講座の企画段階から大変お世話になりました。ありがとうございました。

本書を読まれた方が、貧困の現場から社会を変えるためのアクションに一歩踏み出そうと思っていただければ、著者としては幸甚です。

二〇一六年夏

稲葉　剛

キーワード集

ドヤ（簡易宿泊所、簡易旅館）

低価格の旅館の俗称。宿（ヤド）を「人が住むところではない」と自嘲的に逆さまに読んだのが語源と言われる。相部屋のところもあれば、二〜三畳の個室タイプのドヤもある。かつては寄せ場を中心に、一泊数百円で泊まれるドヤが数多く存在していたが、バブル経済期に建て替えが進み、今ではほとんどが一泊千数百円から三千円程度になっている。それに並行するように客層も、現役の日雇労働者から、生活保護を受給している高齢者や外国人旅行者へとシフトしている。

ハウジングプア

「貧困ゆえに居住権が侵害されやすい環境で起居せざるを得ない状態」を指す稲葉の造語。ハウジングプアは、「1　屋根がない状態（路上、公園、河川敷など）」（国の定義による「ホームレス」状態）、「2　屋根はあるが、家がない状態（ドヤ、施設、ネットカフェ、サウナ、カプセルホテル、友人宅、飯場、病院など）」、「3　家はあるが、居住権が侵害されやすい状態（借家人の権利を制限する契約内容の賃貸住宅や会社名義の賃貸住宅など）の三つの状態に便宜的に分けることができるが、それぞれの状態は流動的であり、一連の状態は地続きのものとして捉える必要がある。

非正規雇用

パート、アルバイト、契約社員、派遣社員など、正社員以外の雇用形態を包括した呼称。非正規雇用の賃金は正社員に比べて低く、フルタイムで働いても最低生活費を満たさない場合も多い。全雇用者に占める非正規雇用者の割合は一九九五年には一八・九％だったが、年々その割合は拡大し、二〇一四年には三七・四％まで達している。従来の非正規雇用は、学生アルバイトや主婦パートなどの「家計補助型」が主だったが、近年、主に非正規雇用の収入によって家計を支える「家計自立型」が増加しており、ワーキングプアの急速な拡大の大きな要因となっている。

ブラック企業

正社員として採用しておきながら、若者を使い潰すことで大きな利益を上げる企業。IT、飲食、介護などを中心に近年大きく広がっている。その特徴的な労務管理手法は、求人詐欺によって大量に若者を募集・採用し、長時間労働や退職強要、戦略的パワハラによって若者を短期間に使いつぶす点にあり、大量の離職者、うつ病、過労死を構造的に生み出している。ブラック企業は失業給付や傷病手当、生活保護等の利用者を増大させているという点で、貧困を増大させ、国の社会保障にフリーライド（ただ乗り）する存在であるともいえるだろう。

ブラックバイト

学生を使い潰す学生アルバイト。学生であるにもかかわらず企業の「戦力」として正社員並みの結果責任を問われ、授業やゼミの最中にも仕事に呼び出されたり、テスト期間中も休めない、辞めさせてもら得ないなどの被害が広がっており、留年や退学を余儀なくされる学生もいるなど学業に深刻な影響が生じている。ブラックバイトは九〇年代後半と比べて親世代の年収が大幅に減少したこと、大学の学費の高騰、「ローン」化し重い負担となった奨学金制度などの貧困問題と、企業の労務管理の変化という要因が合わさり、近年急速に拡大している。

ホームレス

国は二〇〇二年に施行されたホームレス自立支援法において、「ホームレス」を「都市公園、河川、道路、駅舎その他の施設を故なく起居の場所とし、日常生活を営んでいる者」と定義した。これにより、ネットカフェやドヤ、友人宅などに暮らしている人は「ホームレス」の定義から除外されることになり、二〇〇八年に始まった「ネットカフェ難民」（行政用語では「住居喪失不安定就労者」）への支援策は「ホームレス対策」とは別の枠組みで行われることになった。本来の英語の"homeless"は、「自分の権利として主張できる住居を持っていない状態」を指している。

ホームレス自立支援センター

行政によるホームレス支援策の中核事業として運営されている就労支援のための施設。全国の大都市に設置されており、東京都内には現在、五ヶ所の自立支援センターが設置されている。自治体によってプログラム内容が違い、東京の自立支援センターは入所期間が原則二ヶ月と短いため、就労を決めることができず、結果的に路上生活に戻されてしまう人も少なくない。

水際作戦

生活保護の相談に訪れた人に対して、福祉事務所の職員が申請書をすぐに渡さず、窓口での相談段階で多くの人を追い返して、申請権を侵害すること。ケースワーカーの不足や国や自治体の財政難が背景にあるとされる。生活保護法上は、一定の要件を満たす生活困窮者は無差別平等に生活保護が利用する権利があるが、実際の窓口では働ける能力があると見なされる人やホームレス状態にある人が追い返される確率が高い。北九州市では、かつて職員に生活保護受給世帯数の抑制にノルマを課した結果、餓死者を出す事態を招いた。

家賃保証会社

一定の保証料をとってアパート入居者の連帯保証人となり、家賃滞納が発生した際に大家に家賃を立て替えるというビジネスを行なっている企業。保証料は一ヶ月分の家賃の半分程度のところが多い。二〇〇〇年代に入って急成長した業種であるが、家賃滞納をした入居者の居住権を侵害して追い出し行為を行なうというトラブルも続出しており、「追い出し屋」問題として社会問題化している。

路上生活者の強制立ち退き

路上生活者が増加した九〇年代以降、東京・大阪・名古屋など大都市において、公園や道路を管理する行政機関により路上生活者が集住するコミュニティが強制的に排除される事件が頻発した。一九九六年一月に新宿西口地下通路の「ダンボール村」が強制排除された事件では、威力業務妨害罪で逮捕された支援者が一審の東京地裁で無罪になり、裁判所が行政手続きの不備を指摘するという異例の展開になった（後に高裁で執行猶予付き有罪になり確定）。それにより東京では大規模な排除は影を潜めたが、小規模な追い出しは日常的に行なわれている。

稲葉剛

いなばつよし

1969年広島県生まれ。一般社団法人つくろい東京ファンド代表理事。立教大学特任准教授。著書に『鵺《ぬえ》の鳴く夜を正しく恐れるために――野宿の人びとととともに歩んだ20年』（エディマン、2014年）、『生活保護から考える』（岩波新書、2013年）、『ハウジングプア』（山吹書店、2009年）など。

POSSE叢書　Vol.001

貧困の現場から社会を変える

2016年9月10日　第一刷発行　　2020年1月20日　第四刷発行

［発行］　株式会社 堀之内出版
〒192-0355 東京都八王子市堀之内3-10-12
フォーリア23 206号室
TEL 042-682-4350
FAX 03-6856-3497

［印刷製本］　株式会社シナノパブリッシングプレス
［ブックデザイン］　末吉亮（図工ファイブ）
［カバーイラスト］　上坂元均

ISBN 978-4-906708-61-1 C0036 188×128　© 堀之内出版, 2016